值 得 孩 子
阅读的100本
经 典 读 物

有书　主编

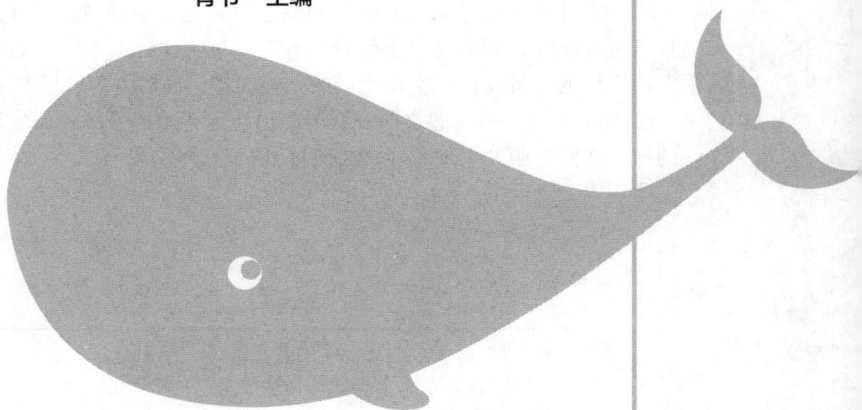

人 民 邮 电 出 版 社

北 京

图书在版编目（ＣＩＰ）数据

值得孩子阅读的100本经典读物 / 有书主编. -- 北
京：人民邮电出版社，2022.1
　ISBN 978-7-115-57863-1

　Ⅰ．①值… Ⅱ．①有… Ⅲ．①推荐书目－青少年读物
Ⅳ．①Z835-49

中国版本图书馆CIP数据核字(2021)第234962号

内 容 提 要

　　有书平台在众多图书中甄选出 100 本值得孩子阅读的经典读物并进行解读，旨在将
众多文学大师创造的广袤的世界，展现在孩子们面前，让孩子们感受到精品文学的永恒
魅力！

　　这 100 本书涵盖了人文社科、自然科学、艺术等领域，并且按照年龄段及阅读的难
易程度进行编排，划分为"童眼看世界""童心读经典""与名人对话""认知改变人
生"四个梯度，可让孩子实现全面的知识阅览，同时方便孩子和家长选择阅读。

　　这 100 本书，不仅适合孩子阅读，也能给关爱孩子成长的父母一定的启发。愿您和
您的孩子在阅读中共同成长，成为更好的自己。

◆ 主　　编　有　书
　　责任编辑　牟桂玲
　　责任印制　王　郁　彭志环

◆ 人民邮电出版社出版发行　　北京市丰台区成寿寺路 11 号
　　邮编　100164　　电子邮件　315@ptpress.com.cn
　　网址　https://www.ptpress.com.cn
　　三河市中晟雅豪印务有限公司印刷

◆ 开本：700×1000　1/16
　　印张：16.5　　　　　　　　　2022 年 1 月第 1 版
　　字数：168 千字　　　　　　　2022 年 1 月河北第 1 次印刷

定价：49.90 元

读者服务热线：(010)81055410　印装质量热线：(010)81055316
反盗版热线：(010)81055315
广告经营许可证：京东市监广登字 20170147 号

好书为伴，童年共读

泰戈尔说："要是童年的日子能重新回来，那我一定不再浪费光阴，我要把每分每秒都用来读书！"

童年，无疑是培养阅读兴趣、阅读习惯的最佳时间。

我小时候就很喜欢看书。工作之后，再次与书结缘是在 2015 年，当时我发现一个现象：想读书的人很多，但真正在读书的人却很少，会读书的人则更少。

于是在 2015 年 12 月 12 日，我创立了有书（网络读书平台），发起了"有书共读行动计划"。通过领读人的解读，把原本一本本厚厚的书变成一篇篇简短而精彩的读书稿，再通过声音将书里最精华的部分呈现出来。这种方式解决了人们读不好书的问题，特别受欢迎。

5 年间，我们邀请了上千位领读人，解读了近万本好书，并带领 6000 万人养成了每日读书的好习惯。

成年人需要读书，孩子更需要读书。在我看来，孩子应该从小就培养阅读的习惯——在最好的时光里遇见最美的书，把每本好书当成一把钥匙，去打开每一扇通往新世界的大门。

针对少年儿童阅读的需求，有书推出了少儿书单，过去 5 年，有几百万儿童从这些书单中获益。

2021 年，我们推出了一份特别的书单，叫"孩子必读的 100 本经典好书"。这份书单适合 6～16 岁的孩子阅读，而这个阶段正是孩子们习惯和性格养成的重要时期。

为什么说它特别呢？因为这是一份汇聚了上百人爱心的公益书单。

故事要从 2021 年夏天讲起。

2021 年，有书开设了在全网都很有影响力的写作课，这个课程累计培养了近 15 万名学员。这些学员中，很多人成了有书的撰稿人和领读人。

这些分布在全国各地的优秀作者除了写稿赚钱之外，也想尽自己的力量回馈社会，于是我们联合这些作者，撰写并录制了一份有声书单，叫"孩子必读的 100 本经典好书"。

书单做好后，我们把它发布在有书 App 上。有书和作者们共同承诺：书单的销售所得用于购买适合孩子阅读的纸书，并将它们全部捐赠给贫困山区的中小学校，帮学校建立小型图书馆。

小小的一本书可能改变一个孩子的命运，这里的孩子包括城里的孩子，也包括农村甚至偏远山区的孩子。这是有书能给中国孩子最好

的礼物。

这个公益计划调动了很多人的热情参与，包括我们的作者、审稿人、录音主播。除此之外，这个公益计划还吸引了两家重要的合作伙伴。

一家是人民邮电出版社，当初我们的构想只是做一个线上公益书单，人民邮电出版社的编辑们听说这个计划后非常感兴趣，她们提议可以做成线上书单加线下纸书的形式，于是就有了现在这本《值得孩子阅读的 100 本经典读物》。在内容上，为了方便孩子们阅读，我们根据难易程度，把书单中的 100 本书编排成四个阅读梯度，分别是"童眼看世界""童心读经典""与名人对话""认知改变人生"。借助纸书的影响力，相信这个书单能走进更多乡村和偏远地区，能启迪更多儿童的心灵。

另一家是当当网。作为国内最大的线上图书销售平台之一，当当网对这个书单也很有兴趣，他们愿意全程参与。借助当当网的影响力和销售平台，让更多有爱心的人有机会了解这个项目，参与这个项目。

就这样，先由有书内部作者发起，然后由有书、人民邮电出版社、当当网强强联合，公益和爱心的种子在越来越多的孩子心中生根发芽。

这也是我最乐于看到的，公益不是一个人的独唱，联合更多人参与公益，让更多人影响更多人，才更有意义。

积沙成塔，积水成渊，愿我们的每一点爱心都能汇聚成让世界变好的力量。

用书籍启迪智慧，用你我的力量帮助他人。有书，有你，真好！

雷文涛

有书创始人兼 CEO

书香中国·十大北京金牌阅读推广人

目录

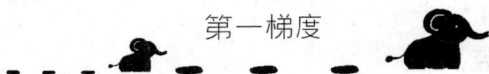

第一梯度

童眼看世界

第二梯度

童心读经典

第三梯度

与名人对话

第四梯度

认知改变人生

第一梯度

童眼看世界

1 《小王子》

守着童心，一点点长大

　　巴黎有一个著名的人文景点，叫先贤祠。那里安葬着法国历史上的杰出人物，从 1791 年建成至今，共有 72 位伟人在那里安葬，包括我们熟知的伏尔泰、雨果、大仲马等。他们当中还有一位名叫安托万·德·圣埃克苏佩里的作家，也就是今天我们要读的这本书——《小王子》的作者。

　　安托万·德·圣埃克苏佩里的碑文是"诗人、小说家、飞行员，1944 年 7 月 31 日执行侦察任务时失踪"。简短的几句话，精确地总结了圣埃克苏佩里精彩而传奇的一生。

　　圣埃克苏佩里是一名优秀的军人，他非常热爱祖国，在一次执行飞行任务时失踪，再也没有回来。法国人民为了纪念他，将一颗小行星命名为"圣埃克苏佩里星"；法国政府还将他和小王子的形象印到了面额五十法郎的钞票上。在他诞辰 100 周年时，里昂国际机场更名为圣埃克苏佩里机场。

　　《小王子》是圣埃克苏佩里于 1942 年创作的短篇小说，讲述了主人公小王子从自己居住的星球出发，游历其他星球时遇到的人和事。作者以童真、自然的笔触，从孩子的视角描绘了大人的世界，因此，不但小朋友喜欢阅读这本书，大人们也非常喜欢。

漂亮的玫瑰花

小王子居住的星球是 B612 号小行星，它只有一幢房子那么大，站在高处就可以俯瞰整个星球。这里只有小王子一个人居住。

小王子感觉无聊极了，他每天唯一的消遣，就是默默地欣赏日落。有一天，他整整看了 44 次日落。这一切，随着一朵漂亮的玫瑰花的到来，被彻底打破了。

这朵玫瑰花，娇艳欲滴，瑰丽无比。她每天陪小王子看日落，倾听小王子述说烦恼，小王子非常喜欢她。

到其他星球游历

相处时间久了，小王子和玫瑰花之间渐渐产生了矛盾。一气之下，小王子离开了 B612 号星球。

小王子到附近的六颗星球转了一圈，先后遇到了一个非常自我的国王、一个爱慕虚荣的人、一个嗜酒成性的酒鬼、一个眼里只有钱的商人、一个机械劳动的点灯人和一个脱离实际的地理学家，这些人的行为让小王子感到很离奇。

想要回到玫瑰花身边

最后，小王子来到了地球，先后遇到了一条蛇、一只狐狸，还有许许多多的玫瑰花。

经历过了这么多的人和事，小王子才明白，原来他最爱的还是自己星球上的那朵玫瑰花，他想回到自己的星球上去，想回到玫瑰花身边，永远陪着她，再也不离开她了。

《小王子》的故事告诉我们：纵使时光荏苒，历经千帆，愿你我皆能守住童心，纯良如初。

本书作者：徐刚　　推荐人：菱湖君子

2 《小彗星旅行记》
努力奔跑，做一个追梦人

小朋友们，当你仰望星空的时候，是不是对浩瀚的星空充满了好奇，很想去一探究竟呢？那就读一读《小彗星旅行记》这本书，跟随小彗星哈伊一起"遨游"太空吧。

《小彗星旅行记》是一本适合孩子读的天文科普书。书中讲述的是小彗星哈伊在"好运气"的帮助下，历尽艰险，飞越太阳系，见到海王星、天王星、土星、木星、火星、地球、金星和水星，最终看到光明又温暖的太阳，并顺利返回家乡的故事。

《小彗星旅行记》作者徐刚，是国内天文美术绘画大师、北京天文馆特约太空美术画家。他以拟人化的手法，通过讲故事的方式介绍天文知识，浅显易懂，非常适合低龄小朋友阅读。

拥有梦想，坚持追梦

小哈伊家住在离太阳很远的奥尔特云，那里寒冷又黑暗。所以，他从小对太阳充满好奇，一心想去看看太阳。他跟好友哈妮说起他的梦想，但哈妮说看太阳会有危险。于是，他就去找见过太阳的兰利爷爷，兰利爷爷向他详细地介绍了太阳及太阳系的情况，也说去看太阳的路途太遥远，可能会遇到危险。但小哈伊不怕危险，他要勇敢地去追梦。

敢于追梦，勇敢前行

小哈伊跟随着"好运气"在太阳系飞行。他先后见到了来自地球的人造卫星"旅行者一号"，以及彗星的另一个家——柯伊伯带。

他见到了蓝色的大块头海王星、躺在轨道上睡大觉的天王星、戴着大草帽的土星、体积庞大的木星、处在木星和火星之间的小行星带以及红色的火星。

又飞了很久，小哈伊感到越来越热，他发现自己不仅长出了彗发，还长出了两条漂亮的彗尾。

实现梦想，回归家乡

后来，小哈伊在"探索号"飞船的指点下，看到了蓝色的地球和绕着地球旋转的月亮，见到了"发高烧"的金星、离太阳最近的水星。

最终，他来到了光芒四射、温暖无比的太阳身旁，终于见到了自己向往已久的太阳。

太阳告诉小哈伊，是他让"好运气"——万有引力把小哈伊吸引来的。就连小哈伊的彗发和彗尾，也都是太阳让他长出来的。

在太阳身边实在太热了。太阳担心小哈伊的安危，小哈伊也想爸爸妈妈了，在"好运气"的帮助下，他踏上了归程。经过漫长的飞行，他开心地回到了奥尔特云。

小哈伊不畏艰险，努力奔跑，追求梦想，最终实现了梦想。小哈伊的故事告诉我们：如果我们有梦想，就要不断努力，勇敢追梦，这样才能实现梦想。

本书作者：[丹麦]安徒生　推荐人：赵赵

3 《安徒生童话》
在童话世界里感知爱与美

每个孩子都爱童话，有的童话大人也爱。我们喜欢的童话，有优美的文字、奇妙的想象和出人意料的情节，这些在《安徒生童话》中都有。

安徒生生活在一百多年前的丹麦，他一生创作了166个童话故事，其中有许多成为世界经典，如《皇帝的新衣》《夜莺》《豌豆公主》《冰雪女皇》和《红鞋》等。安徒生童话故事已经被翻译成150多种语言，是全世界译本最多的书籍之一。有些经典故事还被改编成电影、动画片、舞台剧等，这些优美动人的童话故事跨越了语言和国家的界限，成为人类共同的文化瑰宝。

诗意的语言带来美的感受

安徒生童话语言优美隽永，充满了诗情画意，给人以美的感受。脍炙人口的童话故事《海的女儿》就是其中的佳作，比如"在海的远处，水是那么蓝，像最美丽的矢车菊花瓣，同时又是那么清，像最明亮的玻璃。然而它很深很深，深得任何锚链都达不到底。"

这是多么富有诗意的语言啊！我们眼前好像真的出现了一片蔚蓝的海水，而海的女儿就居住在这里。安徒生童话中那优美的语言、浪漫的描述，让故事饱含情感，具有很强的感染力，令人不知不觉地与书中的人物一起哭、一起笑。

奇妙的情节启发想象力

安徒生以童心写童话，通过奇思妙想给读者带来一个个生动有趣的故事，让读者脑洞大开，充满无限遐想。

如《拇指姑娘》这个故事，讲的是一个只有拇指大的小姑娘被迫四处流浪，历经磨难后，终于找到幸福。故事中的拇指姑娘遭遇了一次又一次危险，到达了一个又一个奇异之地，在安徒生的妙笔生花之下，我们也跟着拇指姑娘一起历险。

翻开安徒生童话，每一个故事都有意想不到的情节，让我们既惊讶又期待，还可以跟随这些童话故事展开想象的翅膀，续写属于自己的童话。

饱含哲理的故事传递爱与美

安徒生虽然出身贫寒，但善良乐观，他在童话中赞美平民的善良和勤劳，也对乐观勇敢的品质大加颂扬。

《丑小鸭》的故事讲的是丑小鸭即使身处逆境，也勇敢追求美好的未来；《卖火柴的小姑娘》表达了安徒生对穷苦人民悲惨生活的同情；《野天鹅》中的爱丽莎公主，以一颗充满爱与勇气的心，拯救了家人；《树精》中的小精灵，用珍贵的寿命换取做人的资格，体会到了世界的广阔和美好。

安徒生把现实生活中发生的事写成一个个美妙的童话，我们只要细细品味，就能感受到其中蕴含的生活哲理，体会到对爱与美的歌颂和向往。

4《一千零一夜》（少年版全集）

品读奇妙故事，畅游神奇世界

传说古代阿拉伯的一位国王生性残暴、善妒多疑，因皇后行为不端，国王怒而将其杀死。此后，为报复女人，他每天娶一位少女，第二天早上再把她杀死。为拯救无辜少女，一位勇敢的姑娘自愿进宫，她给国王讲故事，每次讲到精彩处，刚好天亮了，但国王为了听故事，就允许她下一夜继续讲。就这样，过了一千零一夜，国王终于决定留下这位姑娘，立为王后。

这就是"一千零一夜故事集"的由来。而这一本面向少年的书，精选了"一千零一夜故事集"中流传最广的260个故事。接下来，让我们一起品读本书中的三个故事，感受古代阿拉伯人的机智、善良和勇敢。

一罐橄榄的故事

年轻的商人阿里住在巴格达，一天他梦见一位白发老人让他去麦加朝拜。他觉得这是神的指引，便把店铺卖了，把所得的一千金币放在罐子里，在罐子上面铺满橄榄并交给朋友保管，然后就出发了。

阿里的朋友发现了罐子里的金币，贪心的他把金币换成了新鲜橄榄。

几年后，阿里返回巴格达，发现罐子里的金币不见了。可是，帮忙保管罐子的朋友不承认自己偷了金币，法官也审不出真假。

最后，这个案子却被几个聪明的孩子破解了。

阿里巴巴和四十大盗的故事

古代波斯国有个心地善良的人，名字叫阿里巴巴，他每天牵着毛驴去山上砍柴。

一天，他发现一伙强盗驮着东西来到山洞前，嘴里念着"芝麻芝麻，请开门"。突然山洞上的一块大石应声而动，原来这里是强盗们的藏宝地。阿里巴巴趁着强盗们离开时，模仿他们的样子打开藏宝山洞的门，带回了一些珠宝。强盗们发现之后，打算杀害阿里巴巴。庆幸的是，在聪明机智的女仆马尔吉娜的帮助下，阿里巴巴战胜了强盗。

最后，阿里巴巴把山洞里的财宝分给了穷人，大家都过上了幸福美好的生活。

辛巴达航海历险记

巴格达有一位富翁叫辛巴达。他在七十大寿时为宾客们讲述了自己惊心动魄的航海经历。

辛巴达年轻时把父亲留给他的财富挥霍一空，成了一名穷光蛋。他开始了七次远航探险寻宝，遭遇了各种怪兽、毒虫和恶魔。每次他都死里逃生，以机智化解危险，以正义战胜邪恶，留下了传奇的故事。

《一千零一夜（少年版全集）》里还有很多奇妙的故事等着小朋友们去逐一品读。我们可以从故事中感受主人公的神奇经历，以及他们的勇敢和智慧，故事中的真、善、美能唤起我们心灵深处的美好。

本书作者：[德]格林兄弟　推荐人：苏苏

5 《格林童话》

明辨善恶是非，培养美好品德

《格林童话》是德国语言学家格林兄弟收集并整理加工的儿童故事集。作者通过这些生动有趣的故事，对善良、正义、诚实等优秀品质进行了歌颂和赞美，对虚伪、自私、贪婪的人性进行了批判和嘲讽。该书自问世以来，受到世界各地小读者的喜爱，还获选为世界文化遗产，被收录于"世界记忆"项目中。

善良是人生最重要的品质之一

《金鹅》讲述了这样一个故事：农夫有三个儿子，其中最小的儿子被称作"傻子"，因为他总是比哥哥们更容易"吃亏"。

有一次，三个儿子要去森林里砍柴，他们在森林里都遇见一个老人来讨吃的。两个哥哥都拒绝了，结果受了惩罚。只有"傻子"毫不犹豫地拿出自己的食物送给老人。

奇迹发生了，老人为了感谢"傻子"，送他一只金鹅，并帮他解决了国王布下的各种难题。国王欣赏"傻子"，把公主嫁给了他，并让他继承了王位，"傻子"从此成为人人称赞的国王。

除了《金鹅》之外，《格林童话》中还有很多故事里的主人公也是善良的人，他们保持善良的初心，乐于助人，受人称赞与尊敬。

贪婪的人到头来两手空空

有一个善良的渔夫，他捕到了一条具有魔法能力的比目鱼，好心的他将比目鱼放归大海。

但是，他的妻子不乐意了，她让渔夫向比目鱼要一幢小别墅。比目鱼爽快地帮他们实现了愿望。

没过多久，渔夫的妻子又不满足了，她一次又一次地索要更多的东西，而比目鱼也一次又一次地满足了她的愿望，先后让她住上了宫殿，当了国王，做了皇帝，甚至成了教皇，拥有至高无上的权力和无尽的财富。可是渔夫的妻子还不满足，她还要当太阳和月亮的主人。这一次比目鱼不仅没有满足她，还将她打回"原形"，让她住回了原来的破房子。

这个故事叫《渔夫和他的妻子》，它告诉我们，追求美好的生活要适度，过分贪婪的结果必定是竹篮打水一场空，落得个什么也得不到的下场。

知错就改才能进步

《画眉嘴国王》讲述了这样一个故事，美丽的公主非常傲慢，她的父王一气之下把她嫁给了叫花子，并把她赶出了皇宫。公主认识到自己的错误后努力改正，变得谦和有礼。没想到，叫花子原来是一位国王，他恢复了自己的身份，和公主过上了幸福的生活。

成长的路上，我们难免会犯错，知错就改才能进步。

《格林童话》中有200多则这样的故事，每一则故事都蕴含着深刻的人生哲理。在品读中，我们不仅可以体验主人公不同的经历，而且可以跟随主人公完成一次去恶存善的品质修行，学会做人与处世的智慧。

本书作者：[古希腊]伊索　推荐人：静心

6 《伊索寓言》
小故事中的大道理

小时候听妈妈讲的那些睡前故事，温暖了我们整个人生。而《伊索寓言》就是许多妈妈们首选的睡前故事书。

《伊索寓言》相传是古希腊的奴隶伊索所著的寓言集，一共收录了300多则寓言故事，每则故事都蕴含着深刻的生活哲理，不仅对孩子，也对大人具有启发作用，会让我们在阅读中产生共鸣。

《伊索寓言》开创了西方寓言的先河，为寓言成为一种文学体裁奠定了基础，是世界上最早的童话寓言集。现在，就让我们一起来品读精彩的寓言故事吧！

面对坏人没有道理可讲

一头饥饿的狼看见了一只小羊，就想吃了他。可是狼又怕别的动物说自己仗势欺人。

于是狼找了各种借口，一心想吃掉小羊。天真的小羊还坚持和狼讲道理，可是狼早就等不及了，小羊话还没说完，狼就迫不及待地扑向了小羊。

狼吃小羊之前告诉他："你说得再有道理，我也不可能不吃晚餐。"

《狼和小羊》的故事告诉我们：面对强势的坏人，没有道理可讲。

过度的贪心会让人失去所有

一天，大狗得到了一大块肉。他高兴极了，叼着肉就往家里跑，准备美餐一顿。

当大狗走到河边时，低头看见河里也站着一只狗，而且嘴里也叼着一块肉。大狗仔细看了看，河里那只狗叼的肉好像比自己嘴里叼的还大。

大狗想把那块肉也抢过来，于是他凶狠地扑了过去。可是他什么也没扑到，自己嘴里的肉也掉到了河里，被水冲走了。其实，河里的那只狗是大狗自己的影子。

《狗和影子》的故事告诉我们：凡事不能太贪心，不然可能会失去原来拥有的东西。

📖 团结才有力量

公牛家有三个孩子，分别是老大、老二和老三。

牛爸爸去世了，牛妈妈也老了。她叮嘱三个孩子一定要团结，不然会被狮子、老虎、豹子这些猛兽吃掉。不久，牛妈妈也去世了。

这时，一头狮子盯上了牛兄弟们。但是他们从来不分开，这让狮子无从下手。

有一天，狮子先请老大吃了一把青草，然后又悄悄转身去找老二和老三，说老大吃掉了原本想送给他们的青草。

于是，两兄弟就跑去问老大要青草，老大说，青草是狮子请自己吃的。可是两兄弟根本不相信，老大一气之下便离开了家。独自出行的老大很快就被狮子吃掉了。

两兄弟看老大一直没回来，就分头去找，不幸的是，他们也相继成了狮子的腹中餐。

《狮子让牛家内讧》的故事告诉我们：只有团结起来，才能抵御强敌。

《伊索寓言》中的每则小故事都引人深思，促人发省，让我们在小事件中明白大道理，从而使人生少走弯路。

7 《王尔德童话》

童话的结局不一定都完美，但不妨碍它成为经典

公主总会嫁给王子，巫婆和恶魔总会受到惩罚……我们总认为童话故事的结局都是美好的。可是有这样一本童话书，它虽然没有完美的结局，但同样深入人心，发人深省。

这本书就是《王尔德童话》，它由九个童话故事组成。书里的快乐王子、夜莺、渔夫等主人公都为了追求美或者爱，不惜付出任何代价，甚至是自己的生命。他们心地善良、真诚友爱、不求回报，就算现实带给自己很大的创伤，仍然保有内心的纯真。

本书的作者奥斯卡·王尔德，被认为是 19 世纪英国最伟大的艺术家之一，他以创作诗歌、小说、剧本、童话闻名于世。在世界儿童文学史上，王尔德仅仅用九个童话故事，就奠定了他与安徒生、格林兄弟齐名的文坛地位，足见其创作实力及所创造的文学价值。

找到自己的价值，我们的生命才会更有意义

《快乐王子》的主人公就是快乐王子，他曾经在城堡高墙内生活，完全不知人间疾苦。他死后成为雕塑，却目睹了人间的种种苦难。于

是，他请求路过的小燕子把自己身上所有值钱的东西全送给了穷人，包括自己的宝石眼睛和全身的金片。

能够帮助别人，这是快乐王子追求的自我价值。其实，书中每一篇故事的主人公都有着自己坚定的信念和追求。

我们每个人都要找到自己心中认定的价值，这样才能让自己的生命更有意义。

一天天长大，我们对生活的体验会越来越深刻

《星孩》里的主人公星孩是一个被收养的弃婴。因为长得漂亮，所以他目中无人，对任何人都非常刻薄。当星孩鄙视自称是其母亲的妇人后，他变得跟蟾蜍一样丑陋。星孩终于认识到了自己的错误，他决定去寻找自己的生母。

一路上，星孩体验了自私冷酷给自己带来的磨难，也体验了爱和思考为自己带来的美好。

我们的一生，除了体验到快乐，还会经历痛苦、纠结、诱惑、被拒绝，等等。随着一天天长大，我们对生活的体验会越来越深刻。

再冷酷的现实，也有真善美与其对抗

《夜莺与玫瑰》中的主人公是弱小的夜莺，在看到因缺少一朵红玫瑰来表达爱意而哭泣的年轻学生时，以为学生是真正的恋人，于是夜莺为了帮助学生达成爱情愿望，决定用自己胸膛的鲜血染红玫瑰花。

夜莺用胸脯紧紧抵住玫瑰树的花刺，任由花刺深深地插入自己的

心脏。伴随着夜莺流出的鲜血和激烈的歌声，红色的玫瑰花终于在寒冬中绽放了，可夜莺却永远地闭上了双眼。此刻的夜莺，虽然失去生命，但绝不后悔，因为它坚信爱情的美好和可贵。

你看，无论现实多么冷酷残忍，真善美始终是对抗残忍现实的重要法宝。

我们的生活不会一帆风顺，也不会总有完美的结局，但我们仍然需要鼓起勇气去面对。正如作者王尔德所要传递的思想：就算我们遇到困难，也要抬头看到世界的美好。这或许正是本书成为经典的原因。

本书作者：曹文轩　推荐人：伴夏

8 《草房子》
成长的美丽

如果你容易伤感，容易软弱，那就来读一读《草房子》吧，透过书中主人公桑桑以及小伙伴困苦的童年历程，你会咀嚼到生活的温馨和诗意，获得让生活更美好的力量。

《草房子》讲述的是桑桑在油麻地刻骨铭心的六年小学生活经历。江南水乡油麻地白云如絮，芦花摇曳，这里有一座又一座金色的草房子，它们见证了桑桑与纸月的两小无猜、与杜小康的兄弟情谊，也见证了细马的倔强。小学毕业后，桑桑和父亲一起离开了油麻地，但是草房子给他的童年留下了最温暖的记忆。

少年的轻狂，是应对苦难的一剂良药

20 世纪 60 年代，人们的生活极度困苦，但这阻挡不了孩子们追求快乐的脚步。

桑桑为了买鸽子砸碎自家的锅，被妈妈打得爬到猪圈里；为了给鸽子一个好住处，把自己家的锅碗瓢盆扔到屋角，把碗柜改成高级鸽笼，被妈妈揍了一顿；在桑桑拆了父母房间的蚊帐做成渔网捕鱼之后，妈妈也拆了他的蚊帐，导致桑桑被咬了一身的包。

最好玩的是为了支开白三，帮助蒋一轮送信给白雀，桑桑竟然起了一个淘气的念头，对着天窗口不断撒水，让白三误以为是牛撒尿。白三被捉弄了几回，只好把牛牵走，桑桑趁机把信交给了白雀。

可是，人生路上，又有多少时日能够任由我们轻狂呢？面对磨难，需要一些倔强。

少年的倔强，是照亮人生的一道光芒

杜小康是那个年代名副其实的"富二代"，却不幸遭遇家庭变故。他不得不辍学和爸爸一同去放鸭子，不得不放下颜面在学校门口摆摊卖货，为家中的生计过早地开始了奔波之路。

少年的倔强在细马的身上也展现得淋漓尽致。细马被过继给邱二妈家做养子，邱二妈嫌弃细马能吃。细马不愿意做白吃饭的人，于是他下地扛麦子，扛了一捆又一捆，麦芒戳得他浑身刺痒难耐，但细马一声不吭，他把坚忍化成了善良。

📘 少年的善良，是滋润生活的一股暖流

桑桑为了帮助杜小康解决生活困难，资助他做"生意"，卖掉了心爱的鸽子。

有三个男孩在路上拦截纸月，欺负她。桑桑不顾实力悬殊，挺身而出，反抗欺凌弱小者。

秦大奶奶处处和学校对着干。学校扩建，秦大奶奶不肯搬家，她踩倒学校的菜苗，把一群鸡鸭放在学校里乱窜，甚至摘下学校的瓜和豆扔到大河里，真是可恨至极。可是桑桑却能感受到她孤苦无依的悲伤，每天都去看她，帮她看艾地，听她讲故事。在桑桑的陪伴下，秦大奶奶变得快乐又善良。

曹文轩的小说格调高雅，处处充满着美感。这种美具有感动人心的力量，我们在欣赏作品的同时，可以治愈心灵的伤痛。书中对苦难和度过苦难的思考，给予了我们勇气和力量，让我们破茧成蝶，活出美丽的人生。

作者：曹文轩　推荐人：早睡

9 《青铜葵花》

坚强如青铜，温暖如葵花

　　这是一个关于成长的故事，故事中有笑有泪，有一个如青铜一样坚强的男孩，也有一个如葵花一样温暖的女孩。读《青铜葵花》，你能学会成长，感受爱的温度。

　　故事的主人公是一对没有血缘关系的兄妹，城市女孩葵花随着爸爸下乡来到大麦地，爸爸不幸意外身亡后，葵花被青铜一家收养。他们历经苦难却依然乐观坚强，最终在苦难中获得了各自的成长。

　　本书是儿童文学作家曹文轩的长篇小说之一，这部小说的构思源于他一位朋友的经历，主要讲述城市少年和乡村少年缔结美好友情的故事。本书自2005年出版以来，在我国荣获诸多文学奖项，在英、法、美等国也获得了高度评价。

青铜和葵花的初识

　　小主人公葵花，是一个从城里来的孩子，她幼年丧母，跟着爸爸来到了大麦地。爸爸每天都要劳动，没时间陪伴她。

　　一天，她在河边看到一条小木船，高兴地爬了上去。但是，船绳却被村里放鸭的孩子偷偷解开了，小船在大河上漂着，葵花坐在船上，十分害怕。

这时，放牛的青铜发现了葵花，他骑着老牛，从水里捞起船绳，把小木船和葵花安全地送回了岸边。

这是葵花第一次认识"哑巴"青铜。

青铜和葵花成了一家人

突然，不幸降临了，葵花的爸爸在外出写生时意外落水身亡，葵花成了一个孤儿。谁也想不到，村里最穷的青铜家会决定收养葵花，就这样，青铜和葵花成了一家人。

青铜虽然不会说话，但是他用实际行动尽着哥哥的责任。家里穷，供不起两个人读书，他把上学的机会让给了妹妹；为了给妹妹攒钱照相，他冒着大雪去卖芦花鞋，最后只能赤着双脚回来；为了葵花的表演，他用冰凌做了一条美丽的冰项链；葵花写作业时没有灯照亮，他夜里又跑去捉萤火虫做灯……

尽管生活很难，但是这对没有血缘关系的兄妹一点儿也没有被压垮，依然相互温暖，相互支撑。

青铜和葵花的分别

然而，上天又和他们开了一个玩笑，苦中有乐的生活没过多久，因为一个意外，葵花要被接回城里了。为了不分开，他们甚至躲了起来。但是，分别的时刻还是到来了。

葵花被接走，青铜仿佛也跟着走了。无论刮风下雨，青铜天天坐在大草垛上，望着船驶去的方向，恍惚中，他似乎又看到了葵花，大声喊出了葵花的名字，就这样，青铜可以说话了！

故事的最后，葵花回城了，青铜说话了，这就是他们所经历的成长。

其实，人生本就是快乐和痛苦相随，当我们遇到痛苦时，不要逃避，去勇敢面对吧！

愿我们都能成为如青铜一样坚强、如葵花一样温暖的人。

本书作者：[美] E.B. 怀特　　推荐人：鱼三娘

10 《精灵鼠小弟》
心怀梦想，一路向北

《精灵鼠小弟》是美国国家文学奖章、总统自由勋章、纽伯瑞奖得主E.B. 怀特的代表作。这本书是《号角》杂志的推荐童书，曾获得马萨诸塞州童书奖和罗兰·英格斯·怀尔德大奖，是美国图书馆协会的精选童书。该书之所以获奖无数，让大人与孩子疯狂痴迷，是因为阅读者在快乐阅读的过程中，可以获得成长的力量。

该书讲述的是一个叫斯图尔特的小男孩，由于刚出生时只有两英寸高，长着老鼠的尖鼻子、老鼠的长尾巴、老鼠的八字须，一举一动像极了老鼠，所以大家都叫他鼠小弟。鼠小弟心地善良、聪明伶俐，全家人都喜欢他。他的好朋友小鸟玛加洛有一天突然失踪了，鼠小弟非常难过，决定找回玛加洛，于是他开动玩具汽车上路了。

善良的鼠小弟

鼠小弟是一个善良、勇敢的小男子汉。有一次，寄居在他家的小鸟玛加洛发烧了，鼠小弟不顾自己生病，不仅给玛加洛量体温，还打算把自己的滴鼻药和纸巾也给她用，还为她准备了一个睡觉暖和的好地方。半夜，鼠小弟担心家里那只名叫野茉莉的猫会去伤害玛加洛，于是偷偷躲在一旁，用箭赶跑了可恶的野茉莉。

玛加洛是一只知恩图报的小鸟。一天，鼠小弟出门玩时遇到了一条狗，情急之下，他躲进了垃圾箱。哪知道他和垃圾一起被倒进了垃圾车，又被运到了一艘船上。正当鼠小弟伤心失望时，小鸟玛加洛奇迹般地出现了，并成功地将鼠小弟带回了家。

勇敢的鼠小弟

一次，哥哥带着"黄蜂号"帆船去学校参加比赛。比赛中，哥哥的遥控器被对手踩坏了，他伤心得眼泪叭叭往下流。鼠小弟一声不响地来到放模型船的水池边，驾驶着"黄蜂号"参加比赛。尽管对手"莉莲号"使怪招，想撞翻"黄蜂号"，但鼠小弟依然沉着应对，巧妙地化解了对手设置的重重障碍，第一个冲过终点，赢得了比赛。

聪明的鼠小弟

为了找回被家猫逼走的玛加洛，鼠小弟驾驶着玩具汽车一路向北。一路上，险情趣事层出不穷。在第七小学，他帮督学解决了代课老师的难题。在艾姆斯小镇，鼠小弟同和自己一样大小的女孩约会划船。船漏水了，他就用松脂胶黏合。无论遇到什么难题，鼠小弟都能想到办法化解。

鼠小弟虽然和正常人不太一样，但他没有自暴自弃，而是坚持不懈地追求自己的梦想。他总是尽心尽力地帮助别人，遇到困难也不抱怨、不放弃，这样倔强而可爱的鼠小弟你们喜欢吗？

本书作者：[美]斯·奥台尔　推荐人：菱湖君子

11 《蓝色的海豚岛》
笑对困难，你终能取得成功

《蓝色的海豚岛》讲述了印第安女孩卡拉娜，在12岁那年突遭生活变故，孤苦伶仃地在小岛上生活了整整十八年的故事。在这期间，她不仅学会了独立生存，还在重重的磨难中，练就了乐观自信和坚强不屈的性格。读她的故事，可以增强我们战胜困难的勇气和信心。

《蓝色的海豚岛》的作者是美国作家斯·奥台尔，他童年时曾在海岛上生活，书中的一些描述就来自他对童年的记忆。本书是作者的第一本儿童文学著作，自 1960 年出版以来，为作者赢得了"纽伯瑞奖"和"安徒生奖"等七项国际儿童文学大奖，还被评为"1776 年以来最伟大的 10 部儿童文学作品"之一。

噩梦降临，孤身一人陷入绝境

卡拉娜居住在蓝色的海豚岛上，这里环境优美，人们安居乐业。12 岁那年，她的父亲和族里大部分男人突然遭到阿留申人的杀害，剩下的族人也被迫乘船离开。卡拉娜为了寻找走散的弟弟，不得不留在了岛上。不久，她的弟弟被一群野狗咬死了。

突如其来的变故，不仅使她失去了亲人和家园，还让她从一个衣食无忧的小女孩变成了居无定所的流浪儿，而且咬死弟弟的野狗还在不停地追逐她，敌人也随时可能再来侵犯她。

卡拉娜孤立无援，陷入了绝境。

勇敢面对，绝境中求生存

她伤心、害怕，但没有坐以待毙，而是选择用双手去创造奇迹。

没有食物，她就在岛上采摘野菜、野果，在海边捡海贝和鲍鱼；

没有住处，她就想方设法在高地上搭建房子。为了防身和狩猎，她摸索着制造镖枪和弓箭，并用它们制服了野狗，捕获了大章鱼和海象。

然而，绝境中求生并不容易。在这期间，卡拉娜曾被成群的野狗追逐，也经历过独木舟的漏水沉船事件，还曾在捕猎时身负重伤。但她凭着坚强的毅力，一次次化险为夷。

就这样，历经艰险的卡拉娜，在绝境中顽强地生存了下来。

乐观善良，让生活变得更美好

活下来只是生存的第一步，乐观的卡拉娜还要把生活过得有滋有味。

闲来无事时，她会制作漂亮的裙子和项链装扮自己，还会和岛上的一些小动物进行交流。善良的卡拉娜在解决了温饱问题后，就不再杀害海象、海豹等动物，而且开始设法保护受伤的海獭。同时，她还和蜂鸟、小狐狸等动物建立了友谊，与它们和谐共生。

就这样，卡拉娜独自在岛上生存了十八年，直到被人救走。

生活中，我们也会遇到各种突发状况。当我们不得不一个人面对困难时，不要惊慌，不要恐惧，而是要像卡拉娜那样运用自己的聪明才智，勇敢应对，乐观、坚强地战胜困难！

12《木偶奇遇记》

抵御诱惑，为自己的人生掌舵

　　《木偶奇遇记》是一个充满奇幻色彩的童话故事。故事的主人公是一个名叫匹诺曹的小木偶，他天真无邪，好奇心强，但缺乏恒心，经不住诱惑，在经历了一系列奇幻的经历后，他变得诚实、勤劳、善良，成为一个真正的人类小男孩。

　　《木偶奇遇记》的作者卡洛·科洛迪是意大利作家、儿童文学家，他笔下的人物形象栩栩如生，他的作品情节跌宕起伏，充满无限童趣。该书自 1880 年出版后，被翻译成 80 多种语言，深受世界各地小朋友的欢迎，还获得了"意大利儿童读物中最美的书"的称号。

📖 知错能改才是好孩子

　　老人翟彼特把一块能哭会笑的木头雕刻成木偶，并把他当作自己的儿子，取名匹诺曹。

　　匹诺曹是个非常调皮的男孩，他不喜欢坐在教室里学习。为了能看场木偶剧，他不惜卖掉自己的课本。好心的木偶剧团老板送给匹诺曹四枚金币，让他回家。在回家的路上，匹诺曹遇到了蒙面歹徒，歹徒骗走了金币，还把他吊在树上，就在他即将丧命之际，一个仙女救了他。

仙女询问匹诺曹事情的原委，他不想说，就向仙女撒了谎。结果他的鼻子突然变得很长，连头也动弹不得了。匹诺曹后悔得大哭起来，并向仙女保证自己再也不说谎了，仙女原谅了知错能改的匹诺曹。

抵御诱惑才能更好地生活

回到学校后，匹诺曹原本想努力学习，成为一个用功读书的好孩子，但是同学灯芯向匹诺曹介绍了一个不用学习、可以自在玩耍的游乐园。匹诺曹又心动了，便跟着灯芯一起来到了游乐园。

在游乐园里愉快地玩了五个月后，匹诺曹的头上长出了驴耳朵，变成了一头又懒又蠢的驴子。

驴子匹诺曹被卖到马戏团，受尽折磨，并在一次表演跳火圈时受了伤。马戏团团长觉得匹诺曹已经没有用处了，就把他卖给了别人。

新买主想用驴皮做大鼓，便将驴子沉到水里。等再提起来看时，买主却发现驴子不见了，自己手里拿着的是一只木偶。原来是仙女暗中把匹诺曹变回了木偶，让他逃过了一劫。

善良是生而为人之根本

趁着买主不注意，匹诺曹跳海逃走了。在海上，匹诺曹遇到了为了外出寻找他，而意外掉进鲨鱼肚子里的老人翟彼特，最终他们从鱼肚中成功地逃了出来。

在经过一系列生死冒险后，匹诺曹学会了关爱别人，善待别人。最终在仙女的帮助下，匹诺曹实现了自己的愿望，变成了一个真正的人类小男孩。

匹诺曹的故事告诉我们，每个人在成长的过程中，都会遇到各种各样的诱惑，而"小惑易方，大惑易性"，唯有学会拒绝诱惑，才能坚守自我，实现人生的目标。

本书作者：[美] E.B. 怀特　　推荐人：苗苗

13 《夏洛的网》
真挚的友谊最可贵

《夏洛的网》傲居"美国最伟大的十部儿童文学名著"之首，一度风靡全球。作者是美国作家 E.B. 怀特，他写的故事幽默风趣，非常有吸引力。他一生给孩子们写了三本书，分别是《精灵鼠小弟》《夏洛的网》和《吹小号的天鹅》，都特别有意思。

《夏洛的网》讲的是蜘蛛夏洛和小猪威尔伯之间真挚友谊的故事，受到无数小朋友的喜爱。读这本书，我们会明白只有真诚的人，才最适合成为好朋友，真挚的友谊也是最可贵的。

接下来，我们就一起走进《夏洛的网》，看看里面发生了什么故事吧。

可怜又幸运的小猪

故事得从一只可怜的小猪说起。母猪生下许多小猪，最后出生的一只又小又弱。它想吃奶，却争不过自己的哥哥姐姐，所以主人觉得它很不好养活，就想提前杀了它。

不过这只小猪很幸运，因为它的主人有一个善良的女儿弗恩，正是弗恩救了它的命。不仅如此，弗恩还给它起了一个名字，叫威尔伯。

弗恩把威尔伯养大，不想让爸爸把它卖掉。她听从了妈妈的建议，把威尔伯送到了舅舅那里。从此，威尔伯就住到了弗恩舅舅的谷仓里。

好朋友夏洛

谷仓里住着很多动物，一只名叫夏洛的蜘蛛成了小猪威尔伯的好朋友，它们在谷仓里过着幸福的日子。

突然有一天，一个很不幸的消息传来，小猪威尔伯要被做成熏肉火腿了。威尔伯感到很绝望，就在它急得团团转的时候，弱小的蜘蛛夏洛说，它能救威尔伯。

夏洛在猪栏的网上织出"王牌猪"的字样，引起了人们对威尔伯的好奇。大家都觉得出现了奇迹。为了维持人们的好奇，夏洛又在网上织出"了不起"和"光彩照人"的字样，最终舅舅决定带着威尔伯去参加集市上的比赛。

真挚的友谊

眼看威尔伯要输掉比赛了，年老的夏洛用尽力气，在网上织出"谦卑"两个字，成功地帮助威尔伯获得了"特别奖"。就是这个"特别奖"，让舅舅决定好好照顾威尔伯一生。

夏洛成功挽救了威尔伯的生命，这多让人开心啊！可这时，夏洛的生命却快要结束了。夏洛对威尔伯说，如果一只蜘蛛只会捕食苍蝇，那是没有什么意义的，但它帮助了威尔伯，就让自己的生命更加有价值了。

后来，威尔伯带着对夏洛的思念和感恩，精心地抚养着夏洛的后代，夏洛的后代也留在威尔伯身边陪伴着它。

故事讲完了。你看，真挚的友谊和生命一样宝贵。好朋友之间会相互喜欢和陪伴，在有困难的时候，也会彼此照顾和帮助。而且，真诚地为朋友付出还会让自己的生命更有价值。

所以，真挚的友谊值得我们好好珍惜。

14 《窗边的小豆豆》

巴学园，孩子成长的理想乐园

在一所与众不同的小学里，有的学生聪明伶俐，有的学生身体残疾，甚至还有被其他学校退学的学生。你想知道这是一所怎样的学校吗？不妨读读《窗边的小豆豆》这本书吧。

该书是日本作家黑柳彻子的代表作，书中的主人公小豆豆就是作者本人。它讲述了作者6岁时因淘气被退学后，来到巴学园读书的一段真实经历。在校长和妈妈的呵护与引导下，她保留了自己的个性，也学会了与人和睦相处。长大后，她成为日本著名的作家、电视节目主持人，还被任命为联合国儿童基金会亲善大使。

这是一部极具影响力的儿童文学著作，被翻译成33种文字，拥有数千万读者。该书文字简洁优美，故事生动有趣，给我们展现了一个让孩子喜欢上学的理想乐园。它适合所有觉得童年被辜负的人阅读，而巴学园校长先进的教学理念更值得所有家长和教育工作者们深思。

倾听是对孩子最好的尊重

小豆豆刚上小学一年级，经常扰乱课堂秩序，老师们对她反复教育，她却屡教不改。为了不影响其他同学，学校只能要求她退学。

妈妈并没有因此而责怪她，只是带她去了一所叫巴学园的学校。它的校门是两棵大树，教室是六辆电车。面试时，校长小林宗作先生没有向她提问，只是专注地听她絮絮叨叨地讲了四个小时，之后就录取了她。

从来没有大人这么认真地听小豆豆说过这么多话。她喜欢上了校长，迫不及待地想来这里上学。

鼓励带给孩子学习的动力

巴学园鼓励孩子们每天自行挑选座位、自己设计课表，老师则根据每个孩子的特长因材施教。学校的教学方式多种多样，有个人自学、集体讨论，还有到大自然中现场教学。这样的氛围太适合小豆豆了，她开始变得非常专注，成绩也越来越好。

但小豆豆还是很淘气，常常惹来一堆麻烦。校长不但不叫家长，还耐心地听她解释，挖掘她身上的优点，挑准时机夸她是个好孩子，让她充满了自信。

校长还专门为患侏儒症的高桥君设计了适合他的校运动会比赛项目，让他每年都能拿冠军，使他的身心得到了健康发展。

身教赋予孩子成长的养分

巴学园是小林宗作先生个人出资创建的。在第二次世界大战末期，巴学园被战火烧毁了。

小林宗作先生平静地接纳了这场灾难，战后积极重建学校。他在巴学园的废墟上创建了幼儿园，并协助创办小学。不幸的是，他在重建小学之前去世了，巴学园最终未能再建。

在巴学园求学的经历成了那里的每个孩子最美好的童年回忆，奠定了他们一生成长的基础。

巴学园被誉为教育界的"乌托邦"。它给我们展示了一种家园共育的理想教育模式，给教育带来了一个努力的方向。

你喜欢巴学园吗？不妨读读书中的故事吧。希望它能带给你心灵的慰藉和温暖，让你找到心中向往的理想乐园。

本书作者：张炜　　推荐人：菱湖君子

15 《少年与海》
少年心中的那片海

在海边的一个小乡村里，流传着许多"妖怪"的故事。有三个少年对这些故事充满了好奇，总想探个究竟。他们历尽艰辛，终于达成了心愿。但通过近距离接触，他们却发现这些"妖怪"不仅对人类无害，有的还很善良友爱、懂礼貌，甚至聪明、勇敢。三个少年在同"妖怪"的交往中明白了许多道理，心智也逐渐成熟起来。

这就是《少年与海》所讲述的故事。这本书是茅盾文学奖获得者张炜的首部儿童文学作品，被誉为植根于传统中国的现代"少年聊斋"。读这本书，我们能感受到作者对野生动物和大自然的真挚情感。

善良友爱的"妖怪"

果园里来了个护园人"见风倒"，三位少年无意中发现他和园中似人非人的怪物有联系。后来怪物被人抓住，"见风倒"为此大病一场。少年们发现怪物其实是个机灵可爱的"小爱物"。"小爱物"被抓后只能以绝食作为抗议。少年们设计救出并释放了"小爱物"，"见风倒"又恢复了生机。

不仅"小爱物"善良友爱，其他"妖怪"也是如此。狸猫球球因为想念小猪春兰和收养她的一家人，历经艰辛回到家中；蘑菇婆婆面对知错悔改的杀父仇人，明明有机会复仇，但迟迟没有下手。

在探险中，少年们发现这些"妖怪"善良无害，人类完全可以与他们和平相处。

胸怀宽广的"老狍子"

村里人说，林中小屋里的老人是由狍子变成的"老狍子"，三位少年便好奇地去接触，却发现老人是一个谦和有礼、见多识广、精通医术、心地善良的人。老人曾经遭受过一些愚昧村民的迫害，他非但不记前仇，还经常给村里人排忧解难、治病救人。

三位少年还发现，老人用他的宽容和善良，已经"感染"了许多村民，村里人也慢慢变得谦逊宽容、有礼貌。

团结勇敢的动物精灵

少年们从镶牙馆老板伍伯口中听到了一段动物大战的传奇。

母狐扮成大婶让伍伯给老狼兴儿镶了一副铁牙，兴儿便成了海滩荒原上的动物之王，到处掠杀弱小的动物。兔王老筋不甘心被欺凌，他训练了自己的铁军，并把海边莽林中的刺猬、鼹鼠等弱小的动物团结起来，与狼王兴儿进行战斗，但因实力悬殊而失败。后来老筋用金子收买伍伯，让他给所有兔子铁军都镶上了铁牙。老筋又联合弱小的动物们再次与狼大战。这次，镶了铁牙的兔子打败了狼军，狼王兴儿败逃远方。

少年们从这段传奇故事中，进一步明白了团结就是力量的道理。

小朋友们，这些"妖怪"是不是很可爱呀？如果你也喜欢他们，就和书中的少年们一起走进这个海边乡村，品读这些精彩的故事吧。

16 《长腿叔叔》
从孤儿到作家的逆袭之路

　　《长腿叔叔》曾被媒体评价为"百年难得一见的好书"，自1912 年出版以来，该书一直畅销不衰，多次被改编为电影、舞台剧等。看完本书，你将学会感恩，学会如何自立自强。

　　《长腿叔叔》是一部非常有趣的书信体小说，它讲述了一个在孤儿院长大的女孩，在大学四年间不断追求自我和独立的成长过程。这本书的作者是美国著名的小说家简·韦伯斯特，她是大名鼎鼎的作家马克·吐温的孙侄女，一生写过八部小说，其中以《长腿叔叔》最为著名。

幸运的孤儿

　　主人公乔若莎从小在孤儿院长大，她孤独、敏感而又聪明、好学，因为一篇《蓝色星期三》的作文，她被幸运之神眷顾。原来，这篇作文被一名孤儿院的理事看到了，这位理事觉得她很有写作天赋，决定资助她上大学，并且不求回报，唯一的要求是：乔若莎每个月必须给他写一封信，向他汇报自己在大学里的学习和生活情况。

乔若莎从院长李皮太太那里得知这个好消息，又激动又兴奋。她终于可以离开孤儿院，去梦想的地方学习，她觉得自己太幸运了。

大学初体验

乔若莎来到大学。她喜欢这里的一切，还给自己取了个好听的小名"茱蒂"，她想要做全新的自己。课堂上，跟其他女孩儿比起来，茱蒂显得有些无知，因为所有人都知道米开朗基罗是中世纪意大利的著名艺术家，而茱蒂却说他是个天使，惹得全班同学哄堂大笑。这让她觉得很难堪，也令她更加发奋地学习，再有不知道的事情时，她就闭口不言，回去查资料，她的各科成绩正在慢慢地提高。

除了学习，茱蒂开始给那位好心的理事写信，因为他们没有见过面，茱蒂只知道他个子很高，所以在信中叫他"长腿叔叔"。

开启写作之路

茱蒂很喜欢看小说，她经常在睡觉前把自己想象成小说里的某个人物，体会那个人物的一举一动，这对她的写作很有帮助。暑假里，茱蒂受邀来到心爱的杰维少爷的农庄里写作，她的第一篇短篇小说在这里诞生了。不久后，她的小说发表了，还收到了50美金的稿费。有了钱，她想偿还长腿叔叔的资助，但被这个好心人拒绝了。

虽然茱蒂从未收到过回信，但她依然坚持写信，直到即将毕业时，长腿叔叔终于同意和她见面，这次期待已久的相见更让她惊喜，长腿叔叔竟然是她心爱的杰维少爷。原来，他一直都在默默地关注、关心、守护着茱蒂。

从小经历苦难的茱蒂，在自己的勤奋与坚持下，一步步成长，最终收获了事业与爱情。

虽然每个人都无法选择自己的出身，但是我们可以通过自己的努力与坚持，实现梦想，改变命运。愿你我都能像乐观、自信的茱蒂一样，历经成长、完美蜕变，拥有精彩的人生。

本书作者：叶圣陶　　推荐人：静待芬芳

17 《稻草人》
安静的稻田不安宁

说到童话，小朋友第一时间想到的是什么？是来自丹麦的《安徒生童话》，还是来自德国的《格林童话》，抑或来自英国的《王尔德童话》？其实，我们国家也有自己的童话，那就是叶圣陶先生专为儿童创作的童话故事集——《稻草人》。鲁迅先生曾评价"《稻草人》

是给中国的童话开了一条自己创作的路"。

作者叶圣陶，是我国现代知名的作家、教育家、编辑家、文学出版家和社会活动家，有"优秀的语言艺术家"之称，其一生致力于编辑与出版事业，为我国的新闻事业及语文教育事业做出了重要贡献。

《稻草人》中收录了叶圣陶先生创作的二十多篇经典童话故事，包括《稻草人》《小白船》《跛乞丐》《古代英雄的石像》《一粒种子》《芳儿的梦》《"鸟言兽语"》等。每一个美妙的故事都寓意深刻，富含人生哲理。

下面，就让我们一起来品读《稻草人》吧。

稻田里来了不速之客

稻草人的主人是一位孤苦伶仃的老太太，她好不容易才还清了丈夫和儿子的丧葬费，前两年却又遇上水灾，稻谷没有收成，老太太的生活就更苦了。稻草人把主人的遭遇都看在眼里，在心里默默地为她祈祷。

幸好，今年的稻谷长得很好，又没有水灾，主人应该很快就能有收成。

稻草人正在替主人高兴呢，可突然飞来了一只小飞蛾，这可是稻谷的天敌呀！稻草人赶紧使劲摇摆手里的扇子，想把小飞蛾赶跑。可是扇子的风力太小了，没能把小飞蛾吓跑。他只能眼睁睁地看着小飞蛾在一片稻叶上产下后代。

半步都动不了真让人着急

这时，主人过来了。稻草人比平时更使劲地拍打着扇子，想告诉主人稻谷有危险。但是，主人听不见，也没看见稻叶上的小飞蛾，又回去了。

稻草人很清楚，如果不及时清除这些小飞蛾，过不了几天它们就会变成一条条的肉虫，把稻谷连稻叶都吃得精光。但是它张不开嘴，迈不开腿，除了不停地拍打手里的扇子外，其他什么也做不了。他着急地哭了起来。

伤心的事还真多

稻草人正哭着呢，从不远处的渔船上也传来了一阵哭声。有个孩子边咳嗽边哭喊着要喝水，他快要渴死了。妈妈随手舀起一碗河水递给孩子后，就急着想要去河里捕条鱼给饿了好几天的孩子煲汤喝。

稻草人看着那个可怜的孩子，想要去帮助他，可是他半步都动不了，心里甭提有多难受了。

其实故事还没完，稻草人后来还遇到了让他更伤心的事情。到底还会发生什么事情呢？稻草人的结局又会怎么样？为什么只有活泼美丽的小孩儿才配乘小白船？"人言人语"和"鸟言兽语"的区别是什么？……让我们走进《稻草人》这本书，一起去寻找答案吧！

18 《当世界年纪还小的时候》

让我们一起回到世界的小时候

　　小朋友，当你面对湛蓝的天空、广袤的大地、浓黑的乌云、斑斓的泥土、浩瀚的海洋时，是否想知道它们最初的模样？《当世界年纪还小的时候》这本童话绘本，会给你展示世界幼年时的样子。

　　作者于尔克·舒比格出生于瑞士，是"国际安徒生奖"作家奖的获得者。该书获得了德国青少年文学奖、瑞士青少年文学奖，在欧洲被喻为图与文结合的文学瑰宝。

　　下面就让我们跟随舒比格的故事，一起回到世界的小时候。

当世界年纪还小的时候，万物已是独具个性的精灵

　　当世界年纪还小的时候，每种生物都有生存的自觉。竹子开始学长高、鹦鹉开始学说话、小鸟开始学飞翔、种子开始学发芽、兔子开始学蹦跳、老虎开始学捕猎……总之，它们谁也没有虚度时日。

　　在世界自我成长的过程中，出现了性情迥异的物种。

　　太阳和月亮是一对性情不同的伙伴，太阳稳重，东升西落，从未改变；月亮却是善变的，有时是"犹抱琵琶半遮面"，有时却是千呼

万唤不出来。

世界还小的时候，生物们是快乐的。在这里有会爬树的猪、会讲话的狗；还有洋葱、萝卜和番茄叽叽喳喳，原来，它们是在讨论南瓜是否存在的话题，高冷的南瓜全程无语，只是默默做忠实的听众。

📖 当世界年纪还小的时候，生物们已初尝世事的甜蜜和艰涩

粗看世界，它有一副稚拙的面目，再细品，你会发觉，这朴素的世界也有耐人寻味的一面。

据说，关于人类的出现，还有一个美丽的传说：夏娃拥抱了亚当，并且吻了他，让亚当知道了爱的滋味，然后世界上就出现了更多的人。

当我们把目光转向动物世界的时候，你会发现，动物也有自己的情绪。一只好奇的骆驼开始流浪，它总是想知道沙丘后面有什么新东西。可是，当它走到沙丘的尽头时，映入眼帘的依然是沙丘。瞬间，它感觉索然无味，眼里有了疲惫的神色。

📖 当世界年纪还小的时候，万物在不动声色中向未来行动

当万物都有了自己能做和会做的事情时，这个世界就开始变得有序了。有序之后的世界，开始有了认知。

风雨雷电，是自然的法力，可世间风雨又是谁发明的呢？依然还是年纪尚小却古灵精怪的世界。

如果你认真看，会发现世界本来就很有趣，就像鱼儿游泳、马儿吃草、兔子蹦跳、洋葱和番茄的对话……

童年是梦幻的，是无忧的。流浪的城市里，人们总想留住昨日，但流年匆匆，谁又能永远停留在小时候呢？

　　时光无法倒流，当你对生活有情绪时，不妨抬头往远处看看，你会发觉，我们的世界真的很有趣，而且有趣的东西由来已久。

本书作者：[加]扬·马特尔　　推荐人：摩羯的平方

19 《少年 Pi 的奇幻漂流》(绘图珍藏版)

少年 Pi 与老虎在海上漂流的故事

　　一个少年和一头孟加拉虎，共同在太平洋上漂流了 227 天，这会是一次怎样的神奇历险呢？让我们一起来读一读《少年 Pi 的奇幻漂流 (绘图珍藏版)》，看看少年 Pi 在遭遇突如其来的困难后，是如何沉着冷静地应对，最终获得重生的。

　　作者是加拿大作家扬·马特尔。该书出版后备受世人推崇，被誉为当代经典，获得了英国布克奖、德国国家图书大奖等多项国际大奖。

▧ 老虎不会成为人类的朋友

　　故事的主人公名字叫 Pi，今年 16 岁。Pi 的父亲经营着一家动物园，

Pi 很喜欢动物园，感觉这里是他的人间天堂。

父亲闲下来的时候，会给 Pi 讲每一种动物的厉害之处，告诉他动物的地盘意识特别强。为了验证这句话，Pi 的父亲牵来一只山羊，放在老虎的地盘里。当饿坏的老虎撕咬山羊时，Pi 的父亲告诉他，凶猛的老虎是永远不会成为人类的朋友的。

为了让家人过上更好的生活，父亲决定举家迁往加拿大。他们的轮船航行到太平洋时，突遇大风暴，除了 Pi 和几只幸存的动物外，其他的人和动物全部遇难。

就这样，瞬间成为孤儿的 Pi，不得不在海上漂流。

与老虎在海上一起漂流

由于船上没有食物，幸存的动物们开始互相厮杀。鬣狗咬死了猩猩，又吃了斑马，后来还是被老虎给咬死了。

这时，船上只剩下 16 岁的 Pi 与这只凶猛的老虎。

他们在漫无边际的太平洋上漂流。Pi 在面对食物短缺问题的同时，还要面对那只想吃掉自己的孟加拉虎，Pi 的恐惧心理越来越严重，也越来越渴望生存。

Pi 无师自通地做了钓竿钓鱼，又找到了淡水，这样勉强地维持着生计。为了自己的安全，他不断地想办法寻找食物来喂老虎。与此同时，他通过把玩老虎的粪便来打击老虎的士气，慢慢地驯服了老虎。

▐▎Pi 和老虎得救了

就这样，一人一虎在海上共同漂流了 227 天，最后到了一个岛上。岛上的人好心地救了 Pi，把他安置在村子里。而那只孟加拉虎虽然舍不得离开 Pi，但村子里的人容不下它，只得独自走向远方的森林。

故事到这里就全部结束了。

作者最后说，老虎或许是 Pi 的假想敌。作者通过这部小说告诉我们："老虎"如同我们生活和学习上的困难，只要我们开动脑筋，找到"驯服老虎"的办法，困难也就迎刃而解了。

本书作者：[英]肯尼斯·格雷厄姆　推荐人：紫晴

20 《柳林风声》
珍贵的友谊如阳光般温暖

《柳林风声》是一部关于如何建立深厚友谊的童话，讲述的是生活在柳林里的四只小动物的故事。这些可爱的小动物因为性格不一样，经常会闹得不愉快，即使这样，它们仍然相互信任、相互帮助，在成长过程中建立起了深厚的友谊。

作者肯尼斯·格雷厄姆是英国著名的儿童文学作家。他的孩子天生视力不好，为了让孩子能感受世间的温暖，他每天都会给孩子讲一段小故事。《柳林风声》就是这些小故事的合集。作者把小动物巧妙地刻画成人，生动地描写了它们丰富的情感。

该书自问世以来，一直深受读者们的喜爱，成为风靡一时的畅销故事书，被誉为英国历史上最受欢迎的儿童文学作品之一。

朋友们的偶然相识

故事的开头讲了一只鼹鼠不想待在阴暗潮湿的地下，就从洞里钻了出来。

鼹鼠在大河中结识了自由自在的水鼠，又通过水鼠认识了富有的蛤蟆。听蛤蟆说老獾是个有威望的大人物，鼹鼠就不顾危险，穿越树林去拜访他。于是，这四只动物就这样相识了。在以后的日子里，它们共同经历了欢笑与困难。

就这样，偶然相识的朋友，到最后却成了彼此温暖的依靠。

朋友之间相处要真诚

鼹鼠弄翻了水鼠的船，差点儿让满满一篮子食物"打了水漂"，但水鼠却一点儿也没有责怪它，而是选择了体谅和包容它。

蛤蟆的缺点很多，还总是惹麻烦。可无论是鼹鼠、水鼠还是老獾，都没有嫌弃过它，而是一直体谅和帮助它。

老獾就像个老大哥，它收留了迷路的鼹鼠，教育了爱惹事的蛤蟆，总是以长者的姿态爱护着每个朋友。

我们每个人都会有缺点，也会有做错事的时候，只有互相关心和爱护彼此，友谊才能更加长久。

🎵 家永远是温暖的小窝

鼹鼠在经历了很多新奇的事之后，终于想家了。于是，它马不停蹄地回到了那个虽然破旧但很温馨的家。

水鼠生活在大河旁。虽然河水上涨时它的家总是被淹没，河水退去时又会让脚上沾满污泥，可是水鼠依旧觉得还是待在家里最安心。

蛤蟆的房子很漂亮。它因为偷汽车入狱时，家被黄鼠狼和白鼬占领了。所以，它一心只想把自己的家夺回来。

无论在哪里，无论在干什么，它们始终觉得自己的家才是最温暖、最舒服的小窝。

随着时光的流逝，这四只动物在彼此的帮助下逐渐成长，也从对方那里感受到了温暖和力量。

其实，我们也像柳林中的小动物一样，虽然在成长过程中会经历痛苦和困难，但真诚的友谊总会给予我们无穷的力量。

21 《绿山墙的安妮》

温暖的人，温暖的心，温暖的爱

如果你渴望获得一种温暖人心的力量，就去读《绿山墙的安妮》——一本能让每个人都收获心灵感悟的儿童小说。

《绿山墙的安妮》讲述的是安妮在爱德华王子岛上的生活故事。安妮本是一名孤儿，11岁时才在孤儿院被马修兄妹收养。安妮天性率真、善良，还爱幻想，不但与马修兄妹产生了极其深厚的感情，而且获得了同学的友谊和师长的关爱，最后以优异的成绩考上了女王学院。

这本书的作者，是加拿大女作家露西·莫德·蒙哥马利。该书问世以来，在世界各国产生了极大的影响，触动了一代又一代人的心灵。每年都有数以万计的游客，因为这本书前往爱德华王子岛探寻安妮的足迹。以该书改编的电视剧、电影和音乐剧也在世界各地广为传播。

绿山墙的美丽风景

绿山墙是一所被绿树环绕的农庄，房子的一面墙被常春藤覆盖，绿影摇曳，诗意十足。房前屋后有樱桃树、苹果树、丁香树，繁花似锦，吸引了蜜蜂和蝴蝶竞相飞舞。

绿山墙所在的爱德华王子岛有着茂密的森林、闪光的湖泊，四周环绕着碧蓝的大海。站在绿山墙的二楼，打开窗就能看到翻卷的浪花和无垠的海面。

小女孩安妮一来到岛上，就被这童话般的景色迷住了。她在这样的环境中生活得畅快愉悦，每一天都过得饶有趣味。

安妮的趣事

安妮非常擅于幻想，这是她在充满苦难的童年里，用以抵御孤独的最好方式。到了绿山墙，在美景中生活的安妮，也不忘发挥自己的想象力，给每处景物都取了名字，像"闪光之湖""洁白之路"，最夸张的就是"幽灵森林"了。

"幽灵森林"是安妮家附近的一小片树林，她总是幻想着其中有各种各样的幽灵在作怪，这让她觉得特别有意思。当马修的妹妹玛丽拉，让安妮在晚上经过这片树林去借东西时，她被自己的想象吓得浑身颤抖，又不得不硬着头皮出发，结果冒着冷汗、连滚带爬地完成了任务，令人忍俊不禁。

打动人心的爱

安妮的天真活泼给马修兄妹的生活增添了许多色彩。哥哥马修总是在背后默默地支持和呵护着安妮，妹妹玛丽拉则承担着教育安妮的责任，虽然她处事严厉，却也深藏爱意。

后来，马修因病去世了，玛丽拉不得已要卖掉农庄。安妮勇敢地站了出来，毅然放弃了上大学的机会和丰厚的奖学金，一边工作一边照顾玛丽拉。他们之间的爱无关血缘，却更像真正的亲情一样令人动容。

安妮和同学之间的深厚友情，学校的老师、牧师夫人等对安妮的鼓励和肯定，都在安妮的心里埋下了爱的种子，最终开出了绚烂的花朵。

来自身边人的爱，可以给我们力量，帮助我们更快走出阴霾，走向阳光。

本书作者：[英]刘易斯·卡罗尔　　推荐人：冬之舞

22 《爱丽丝漫游奇境》
充满想象力的神奇之旅

小朋友，你们见过穿着口袋背心、揣着怀表、会说话的兔子吗？《爱丽丝漫游奇境》这本书，讲述了一个小女孩因为追赶这样的一只兔子，不慎掉进兔子洞所经历的一系列奇幻冒险故事。

作者是英国牛津大学的数学教授刘易斯·卡罗尔。虽然刘易斯是数学教授，但他兴趣广泛，也擅长写作。这本书是他为牛津大学院长10岁的女儿爱丽丝写的童话故事。

1864年圣诞节，刘易斯把故事手稿送给爱丽丝作为礼物。一年后，故事公开出版，深受孩子们的欢迎，而卡罗尔也获得了著名作家奥斯卡·王尔德和维多利亚女王的赞誉。

爱丽丝掉进了兔子洞

一个午后，爱丽丝和姐姐坐在河边乘凉。突然，一只大白兔跑到她面前，一边自言自语地说快迟到了，一边从口袋里拿出一块表。它瞧瞧时间，快速跑开了。

爱丽丝好奇极了，一只兔子不但会说话，还会看表？好奇心驱使她追着大白兔跑了起来，转眼间，兔子跳进了一个洞里，爱丽丝也跟着跳了进去。

洞底有个大厅，她看到桌子上有一瓶神奇的药水，好奇心又驱使她喝下了药水，一瞬间，爱丽丝变小了；后来，她拿起桌子上的一块蛋糕吃了起来，她又变大了。

面对忽大忽小的自己，爱丽丝不知所措。她开始哭泣，滴下的眼泪成了泪水池，淹没了老鼠、渡渡鸟、鹦鹉等。

爱丽丝开始变得坚强勇敢

哭过后，爱丽丝明白了自己的处境，谁也帮不了她，只能靠自己。

爱丽丝在一条毛毛虫的提醒下，发现了能控制自己变大变小的神奇蘑菇。她带着这个神奇的蘑菇来到了后花园，在这里，她遇到了脾气暴躁的扑克牌红心王后。

红心王后正在发脾气，想处决三个扑克牌园丁。爱丽丝挺身而出，勇敢地救下了他们。

爱丽丝从未想过，自己也能变得这样勇敢和坚强。

爱丽丝对抗可怕的红心王后

红心国王为了找回红心王后的水果馅饼,组织了一次有趣的庭审。红心国王是法官，鸟兽是陪审员，大白兔担任传令官，而疑犯是红心杰克，爱丽丝也被传唤为证人。当爱丽丝质疑红心王后的不公时，旁边的一副扑克牌腾空而起，纷纷落到她身上。

爱丽丝想把扑克牌丢开，却发现都是树上掉落的树叶，而姐姐正把落叶从她身上掸开，原来自己竟然枕着姐姐的腿睡着了。

爱丽丝的神奇之旅，伴随着梦醒结束了。

我们在《爱丽丝漫游奇境》的故事中，看到了爱丽丝的正直、勇敢和智慧。希望小朋友们也能像爱丽丝一样，在遇到困难和不公时勇敢面对，坚持自己的意见，想方设法解决问题。

23 《查理和巧克力工厂》

有规则，才有自由

《查理和巧克力工厂》是一本发人深省的童话故事书。它讲的是五位幸运儿在家长的陪同下，参观巧克力工厂时发生的神奇故事。作者罗尔德·达尔是英国杰出的儿童文学作家，曾获得"爱·伦坡文学奖""白面包儿童图书奖"等荣誉奖项。

五位幸运儿

在查理生活的小镇上，有一个世界上最大的巧克力工厂。工厂大门紧锁，显得非常神秘。镇子上的人从来都没有看见过有人从大门进去或出来。有一天，工厂的主人旺卡先生发出了一则告示，他将邀请五位幸运的孩子参观他的工厂，参观结束后，每个孩子都可以得到足够吃一辈子的巧克力和其他糖果。所有的孩子都有机会，但必须先找到藏在巧克力里的金奖券。

很快，五位幸运儿出现了。他们分别是贪吃的超胖男孩奥古斯塔斯，被宠坏的小女孩维卢卡，争强好胜的女孩维奥莉特和电视迷迈克，最后一位就是懂事的查理。那天，查理在雪地里捡到50便士，拿去买了巧克力，没想到喜从天降，他找到了最后一张金奖券。

神奇的巧克力工厂

参观工厂的日子到了，五位幸运的孩子在家长的陪同下，来到了旺卡先生的巧克力工厂。旺卡先生是一个矮小的人，但他打扮时尚，显得神采奕奕。他大声地招呼着幸运儿们，欢快地带领他们四处参观。

工厂里处处是惊喜，有用糖果做成的草地和鲜花，有巧克力河流和热巧克力瀑布，有用硬糖做成的大船，还有在工厂里工作的神奇小矮人。

旺卡先生还拥有一间重要的实验室，他所有的发明都是在这里完成的。

五位幸运儿的遭遇

幸运儿们在参观工厂时发生了一系列离奇的事情。奥古斯塔斯因为贪喝巧克力河里的巧克力，掉进河里被吸进了大管子里；维卢卡想要剥核桃的小松鼠，却被松鼠围攻，然后被扔进了垃圾箱；维奥莉特吃掉了还没试验成功的大餐口香糖，变成了蓝莓；迈克跳进了电视传送装置，被送进了电视机里，缩小得只有巴掌大小了。

最后，只剩下遵守规则的查理参观完了整座工厂。查理善良纯真、聪明懂事，热爱巧克力工厂。旺卡先生喜欢他的懂事，因此选他作为继承人，并把巧克力工厂赠送给他。

查理从五位孩子中脱颖而出，赢得了旺卡先生的信任，还意外得到了巧克力工厂。而其他四个孩子，因为贪吃、狂妄、骄纵和沉溺于电视，不善于自我管理，都受到了不同的惩罚。

读完这本书，我们会发现梦想和欲望截然不同；学会了管理自己的情绪，与他人和谐相处；明白了只有守纪律、讲规矩，才能拥有真正自由的道理。

本书作者：[英]J.K.罗琳　推荐人：祭司

24 《哈利·波特与魔法石》
做自己的魔法师

作者J.K.罗琳是英国作家，她以哈利为主人公，写了"哈利·波特"系列小说，讲述了主人公哈利·波特与伏地魔斗智斗勇的故事。故事中各种神奇的魔法让人大开眼界，而且情节跌宕起伏，扣人心弦。作者构建出的魔幻世界使"哈利·波特"系列小说风靡全球，成为世界上最畅销的系列小说之一。《哈利·波特与魔法石》正是其中的第一部。

下面，就让我们和罗琳女士一起，走进哈利·波特的魔法世界吧！

大难不死的哈利·波特

哈利出生在七月，他的父母是魔法高强的巫师。有预言说，伏地魔会被在七月出生的男孩打败。大反派伏地魔认为哈利就是要打败他的男孩，于是他想方设法要杀死哈利。

为了保护哈利，哈利的父母都被伏地魔杀害了。但是哈利的妈妈在去世前的那一刻，将爱融入哈利的身体，使哈利成功躲过一劫，只是有一道像闪电一样的疤痕留在了哈利的额头上。

失去父母的哈利，被送到唯一的亲人姨妈家生活，虽然总被姨妈一家人欺负，但至少哈利的生命安全可以得到保障。

哈利·波特进入魔法学校

少年哈利戴着圆框眼镜，身上总是发生很多奇怪的事。他的头发总是疯狂地生长，剪了和没剪一样，毛衣在他的身上越变越小，他还能与蛇对话。姨妈一家不想让哈利接触有关魔法的任何人和事，还把魔法学校寄给哈利的入学通知书藏了起来，只为阻止哈利去魔法学校上学。

魔法学校的看门人海格亲自将哈利带到了魔法学校。在魔法学校，哈利结识了两个好朋友——赫敏和罗恩。他们一起学习配制魔药，一起在空中飞行，还一起下巫师棋。

进入魔法学校的哈利，每天都在成长。虽然也有一些挑衅者会给哈利找麻烦，但总能被哈利和朋友们顺利化解。

哈利·波特智斗邪恶

一次误闯，竟然让哈利、赫敏和罗恩发现魔法学校有一块能让人长生不老的魔法石。大反派伏地魔对魔法石志在必得。

为了守护魔法石，三个好朋友穿过魔鬼网，找到带翅膀的钥匙，上演了真正的巫师棋大战后，哈利终于见到了伏地魔。原来，伏地魔寄生在奇洛老师的身体里。

哈里通过厄里斯魔镜看到妈妈把魔法石放进他的衣服口袋。在与伏地魔的斗争中，是妈妈的爱保护了哈利，成为哈利战胜伏地魔的法宝。

故事虽然告一段落，但仍然在给予我们力量。在现实世界中也有魔法，那就是爱与希望。我们要做自己的魔法师，即使是在人生最黑暗、最无助的时刻，也不要放弃爱与希望，因为它们是驱走黑暗的力量，可以带领我们最终走向光明。

本书作者：[英]J.K. 罗琳　　推荐人：瓜果飘香

25 《哈利·波特与密室》

拥有魔法，快乐生活

巴啦啦能量——卡沙沙……

巴啦啦能量——仙多拉……

每个小朋友的心中都有一个"魔法梦"，都希望自己能拥有神奇的魔法。

有一所魔法学校，在那里，学生能骑着扫帚在天上飞，能拿着魔杖变变变……没错，它就是霍格沃茨——"哈利·波特"系列小说中的魔法学校。

"哈利·波特"系列小说的作者，是英国著名作家 J.K. 罗琳。在一次去往伦敦的旅途中，罗琳看见车窗外有一个戴圆眼镜的小男孩，激发了她心中的"哈利·波特"，于是创作了"哈利·波特"系列小说。

"哈利·波特"系列小说风靡全球，还被拍成了经典电影，吸引了很多孩子和成人。《哈利·波特与密室》是"哈利·波特"系列小说的第二部。

霍格沃茨发生怪事

暑假过后，霍格沃茨发生了一连串的怪事：学生和猫相继变成了石头，哈利突然能听懂蛇语，日记本可以说话，金妮失踪……

这一切都与传说中的密室有关。师生们猜测，密室的主人是一条大蛇。

赫敏在书中找到了关于密室的线索，一路小跑着去告诉哈利和罗恩，却在路上变成了石头。哈利和罗恩看着变成石头的赫敏，伤心极了，他们决定找到密室，解救赫敏，揭开谜底。

哈利被孤立，好朋友对他不离不弃

在一次魔法课上，哈利当众和蛇对话，引起了师生们的怀疑，大家开始排斥他、孤立他，怀疑他才是密室真正的主人。只有罗恩和赫敏无条件地相信他、陪伴他、帮助他，因为哈利、罗恩和赫敏一直是霍格沃茨有名的铁三角。

为了寻找密室的线索，最怕蜘蛛的罗恩陪着哈利深入蜘蛛的洞穴；为了查出密室的真相，赫敏在变成石头之前，一直埋头查阅书籍和资料。

三人探秘，真相越来越近

离真相越来越近时，哈利却受了伤，是凤凰的眼泪救了他！

哈利从下水道进入密室，查明背后捣鬼的人是邪恶巫师伏地魔。而那本"会说话"的日记本，是伏地魔的一个魂器。

面对强大的伏地魔，哈利紧张得满头大汗，却依然勇敢机智地应对。他从帽子里抽出宝剑，杀死了大蛇，并用蛇的牙齿毁掉了怪诞日记本。在日记本被毁掉的同时，伏地魔化作了一股黑烟。

哈利、罗恩、赫敏三个好朋友，用他们的智慧和勇气，揭开了密室的秘密，解救了被石化的同学和猫，救出了金妮，拯救了霍格沃茨。

小朋友们，尽管现实生活中没有真正的魔法学校，但魔法却是真实存在的，那就是爱、知识和勇气。而每一本好书、每一个朋友、每一次苦难，都是你手中的一根魔杖。我们要像哈利那样，用自己的魔法和魔杖，勇敢面对生活中的苦难，用心发现生活中的美好！

第二梯度

童心读经典

26 《西游记》

只有经历过人生磨难，才能取得自己的真经

　　《西游记》是我国四大名著之一，主要讲述了唐僧、孙悟空、猪八戒、沙僧师徒四人一路降妖伏魔，历经八十一难，最后终于到达西天取得真经的故事。

　　本书的作者是明代的吴承恩，他因官场失意，所以写志怪小说来表达内心的愤懑，最终完成了这部章回体长篇神魔小说。这部杰作，达到了我国古代长篇浪漫主义小说的巅峰，而吴承恩也被誉为魔幻现实主义的开创者。

师徒聚齐前往西天

　　相传，花果山有一只石猴，他为了学习长生不老的本领，拜在了菩提祖师门下，被赐名为孙悟空。孙悟空因上龙宫抢了金箍棒，到地府划了生死簿，被天庭招安后又搅乱了蟠桃会，而遭到天庭镇压。孙悟空被抓后竟然大闹天宫，最后被如来佛祖压于五指山下，等待有缘人来施救。

　　500年后，去往西天取经的唐僧路过五指山，救下孙悟空并收他

为徒。后来他们遇到了白龙马，收服了猪八戒和沙僧，师徒四人踏上了跋山涉水、降妖伏魔的西天取经之路。

取经路上磨难重重

去西天取经的路上，可谓磨难重重。他们在白虎岭三遇白骨精，孙悟空火眼金睛识破妖怪真身，唐僧却听信谗言，赶走了悟空。失去悟空的唐僧在途经宝象国时，被黄袍怪施法变成了老虎，猪八戒没有办法，只好前往花果山求助悟空。悟空心念师父，下山营救，最后师徒和好如初，继续奔赴西天。

一路上，不管遇到多么厉害的妖怪，师徒四人始终都同心戮力，勇往直前。他们在莲花洞智斗金角大王和银角大王，在火云洞大战红孩儿，在车迟国勇战三怪，在女儿国智取关文，在火焰山与铁扇公主夫妇斗智斗勇……

历经磨难终得真经

经过 14 年的跋涉，历经千辛万苦，师徒四人终于来到西天，拜见了如来佛祖。可是，他们受到如来佛祖身边尊者的戏弄，只拿到了无字真经。燃灯古佛看到师徒们受到的苦难，于心不忍，帮助他们重获真经。

在师徒四人返程途中，观音菩萨掐指一算，九九八十一难，他们还差一难，于是设计让四人跌落通天河，打湿经书。师徒四人只好将经书晾干后，重新送回长安。他们在长安传经之时受到如来佛祖指引，又回到了西天接受册封，功德圆满，最终分别修成了真佛、使者、罗汉之身。

其实，人生也是如此，在实现梦想的道路上，总会遇到各种各样的困难，这些困难就像是我们成长路上的一个个修行。只有经历过这些磨难，我们才能取得自己的真经。

本书作者：施耐庵　推荐人：早睡

27 《水浒传》
人生在世，要做一个正义、孝顺、忠义的人

有这样一群人，虽为梁山草寇，却疾恶如仇、除暴安良。他们的侠义精神令人钦佩，他们的忠义更是代代流传。想知道他们是谁吗？让我们打开《水浒传》这本书，你将会看到英雄本色，领略好汉风采。

《水浒传》是我国四大名著之一，作者是施耐庵。他对民间流传的故事进行收集整理，经过再次创作，写下了《水浒传》这部描写古代农民起义的长篇小说。

这部史诗级作品以真实的日常生活为背景，生动地描写了江湖豪

杰的故事。问世后，广受大众欢迎，流传极广，甚至成为后世中国小说创作的典范。

做一个正义的人

故事发生在北宋末年，提辖官鲁达在酒楼喝酒，偶然得知恶霸镇关西欺凌卖唱父女的事情。于是他挺身而出，仗义相助。不料，却三拳打死了镇关西，为了避难，他只好弃官逃走。

后来，他辗转来到了大相国寺看管菜园，还结识了八十万禁军的教头林冲。谁知，太尉高俅之子高衙内垂涎林冲妻子的美貌，设计陷害林冲，将他发配沧州，还在路上设下了埋伏。幸亏鲁达一路护送，林冲才逃过一劫。

路见不平，拔刀相助。鲁达身上的这种正义感，正是我们需要学习的。

做一个孝顺的人

梁山附近有一个叫宋江的人，他冒着危险给被官府通缉的好友晁盖报信，宋江的外室阎婆惜得知后百般要挟。宋江一怒之下杀了阎婆惜，然后连夜出逃。为了不连累父母，他和家里断绝了关系。在外出避难时，宋江得知父亲身患重病后，不顾危险赶回老家探望，不料却被官府捉住。后来，宋江被梁山众人成功救出，终于和父亲团聚。

宋江的兄弟李逵见宋江父子团聚，也十分想念自己的母亲，于是连忙赶回老家，打算接母亲上山享福。没想到回程路上，他为了给母亲取水，只离开了一会儿，回来却发现母亲被老虎吃了，他悲痛欲绝，怒杀四虎。

百善孝为先。无论是宋江还是李逵，都让我们懂得了要学会感恩，孝顺自己的父母。

做一个忠义的人

随着梁山起义的声势不断壮大，一百零八条好汉终于齐聚梁山，众人推举宋江坐上了梁山第一把交椅。宋江虽然上了梁山，但是骨子里还是信奉忠君爱国之道。于是，他力排众议接受了朝廷的招安。但是朝廷怕梁山众人心存反意，便派他们去征讨辽国，平定叛乱。

梁山众人在宋江的带领下，抵御外敌，征战沙场。但是接连不断的战争，使得梁山一百零八条好汉最后只剩下二十七人。

梁山众人都知道朝廷的忌惮，但仍舍生忘死，报效国家，这就是他们心中的忠义之道。

自古英雄多磨难，梁山好汉的结局虽然让我们感到非常惋惜，但他们的正义、孝顺、忠义、侠义，值得后人千古传诵和学习。

28《三国演义》

三国，英雄梦开始的地方

相信每个人的心里都住着一位英雄，今天就为大家推荐一本群英荟萃的小说——《三国演义》。

《三国演义》是我国文学史上第一部长篇章回体历史演义小说，也是第一部文人长篇小说，与《西游记》《水浒传》《红楼梦》并称中国古典四大名著。

《三国演义》的作者罗贯中是元末明初著名小说家、戏曲家。他根据陈寿的《三国志》和裴松之的注解，结合民间关于三国故事的传说，经过艺术加工创作出了这部经典巨著。

《三国演义》讲述了东汉末年群雄割据混战，魏、蜀、吴三国之间的政治和军事斗争，最终司马炎一统三国，建立晋朝的故事。在那个纷争不断的年代，出现了数不清的英雄人物：有智谋无双的诸葛亮、义薄云天的关羽、文韬武略的曹操……谁将成为你心中的英雄呢？

足智多谋诸葛亮

公元 208 年，曹操大军从北方开始入侵南方，并很快逼近刘备政权所在地荆州。在这个紧要关头，诸葛亮告诉刘备，如果联合东吴一起抵抗曹操，会扭转目前被动的局势。

随后，诸葛亮一人来到东吴，用自己的滔滔辩才，赢得了东吴将士的同意，并最终说服了孙权与刘备一起联合抵抗曹操。

刘备联合孙权对抗曹操的这场战争，就是历史上有名的赤壁之战。在这场战争中，诸葛亮运用谋略，调兵遣将，以少胜多，获得了最后的胜利。刘备也因这场战争巩固了实力。

威武忠义关云长

刘备、关羽和张飞三人在桃园结拜为兄弟后，关羽对刘备一直忠心耿耿。

建安五年，曹操突袭刘备的队伍，捉住关羽。曹操欣赏关羽，赠他重金宝马。关羽坦然告知曹操，自己曾发誓与刘备共存亡。曹操听后很感动，放了关羽。关羽过五关斩六将，千里独行终于追上了刘备，与刘备会合。

而后，在赤壁之战中失败的曹操逃到华容道后被关羽包围。关羽感念曹操的知遇之恩，放了他。关羽也因这一忠一义闻名于天下。在他去世后，被尊称为"关公"。

一代枭雄曹丞相

失败后的曹操并没有颓废，而是找出失败的原因，并开始制定相应的策略。

首先，曹操多次颁布求贤令，唯才是举；其次，实行土地改革，实施屯田制，让老百姓丰衣足食。曹操所做的这一切，使得北方的经济逐渐繁荣，百姓的生活开始变得安定，更为后世司马炎统一三国、成立西晋奠定了基础。

在《三国演义》这本书中，还有很多豪情侠义、义薄云天、智勇双全的英雄人物。读完这本后，你更钟情于哪位英雄豪杰？

本书作者：林海音　　推荐人：海风

29 《城南旧事》
珍藏在心底的童年

童年就像纯净的白云、清澈的小溪一样，令人怀念、叫人神往，有很多大作家都写过关于童年的故事。《城南旧事》就是女作家林海音创作的一部关于童年的自传体小说。她一生创作了多篇小说和散文。《城南旧事》自出版以来，感动了无数读者，被译为英、法、德、意等多种语言。由小说改编拍摄的同名电影，获得了中国电影"金鸡奖"等多个奖项。

《城南旧事》的故事干净而温暖，主人公小英子的童年里有种着夹竹桃的四合院、西厢房的小油鸡、胡同口小贩的叫卖声、甜甜的八珍梅、慈爱严厉的爸爸、可怜的秀贞母女、"善良"的小偷、爱讲故事的宋妈、漂亮的兰姨娘……

善良是童年最美的底色

英子喜欢找胡同里的"女疯子"秀贞玩。她听说秀贞年轻时因为被迫和刚生下的孩子分离而变成了"疯子"。

英子在胡同口认识了小伙伴妞儿，无意中发现妞儿就是秀贞的孩子。于是，她带着妞儿去找秀贞相认。确定孩子身份的秀贞，决定带着妞儿离开。为了帮助她们，英子偷偷拿了妈妈的金镯子，送给她们当作路费。哪想到，秀贞和妞儿却在赶火车时丧命于火车车轮下，英子听说后大病了一场。

善良的英子同情秀贞，一心想着帮助她，没想到事与愿违。但是善良是没有错的，它是童年最美的底色。

单纯是童年最真的样子

英子上小学了，她很喜欢一篇课文，课文中描写的大海很美，但英子一直都没见过大海。

有一天，英子和伙伴踢球，球掉到一个荒园的草丛里。她捡球时，看到一个叔叔在草丛里藏东西，这位叔叔嘱咐她不要把这件事告诉别人。

从那以后，英子经常来找叔叔聊天，叔叔还说以后带英子去看海。

后来，这位叔叔突然被警察抓走了，大家都说他是贼。只有英子知道，他藏东西，只是为了攒齐弟弟的学费。

英子不明白，为什么"贼"会这样和善。她也不明白，叔叔明明是个好人，又为什么会被别人叫作坏人呢？

离别是童年淡淡的忧伤

漂亮的兰姨娘暂住在英子家里。英子制造了不少机会，让兰姨娘与另一位叔叔单独相处，不久这位叔叔就带着兰姨娘走了。

英子的奶妈宋妈，全心全意照顾英子姐弟四人，他们都很喜欢她。但是，宋妈的儿子溺水死了，丈夫还把女儿也送了人。宋妈知道后很伤心，不久就回了老家。

英子的爸爸很爱英子。在爸爸的鼓励下，英子的成绩一直都不错。英子希望爸爸能参加自己的毕业典礼，但是爸爸却因病住院而无法参加。后来，爸爸也去世了。

一场又一场的离别，给英子的童年增添了不少的忧伤，但是又有什么办法呢？人总是要长大的，离别也在所难免。

我们都有过美好的童年。童年如雨后彩虹般绚烂短暂，但是经历的那些人和事，却留在了我们心中。童年时光的纯真和快乐，值得我们永远回忆！

30 《昆虫记》

带你一起走进神秘的昆虫世界

在我们的身边，有各种各样神奇的昆虫，它们有的在空中飞翔，有的在草丛中爬行；有的会哼唱美妙的曲调，有的则终生默默无声……

在《昆虫记》这本书中，作者将带领我们一起走进昆虫的世界。通过观察昆虫们的习性，可以了解大自然的真相，体会大自然的奥秘与乐趣。

《昆虫记》的作者是法国昆虫学家、动物行为学家让－亨利·法布尔。他出生于法国南部的一户农家，从小就热爱大自然，经常与乡间的蝴蝶、萤火虫嬉戏玩耍，爱长时间地观察路边的推粪手粪金龟、小刺客狩猎蜂、善于跳跃的舞蛛……他用毕生的精力深入昆虫的世界，最终完成了《昆虫记》这部昆虫学巨著。

昆虫的乐园——荒石园

荒石园是法国南部的一块荒芜之地,却是小昆虫们最钟爱的乐园。法布尔在此居住,和昆虫做起了邻居。

因为比较偏僻，很少有人打扰，小昆虫们在这里无忧无虑地生活着，并不断有新朋友来这里安家落户。法布尔和他的孩子们一起观察昆虫，研究它们的生活习性，并将自己的发现和感悟写下来，《昆虫记》由此诞生。

妙趣横生的昆虫故事

滚粪球高手粪金龟是名副其实的大自然的"清洁工"，更为神奇的是，它还能预测天气的好坏，被称为"气象学家"。它每天的工作就是把其他动物的粪便收集起来，团成圆球，推滚到自己和家人建在地下的储藏室中，粪金龟所到之处，地面总是被打扫得干干净净。

有着好嗓子的蝉是个天生的歌唱家，可它却是个聋子，哪怕有人在它身后放炮，也不会影响它尽情歌唱。蝉还有一项独特的本领，即使是最干旱的夏天，蝉也不怕，因为它的嘴上有一个坚硬的吸管，只要它把"吸管"插到树皮里，就能享受清凉的汁液。

荒石园里还有带着灯笼四处玩耍的萤火虫、身披五彩霞衣的孔雀蛾、会偷东西的小蚂蚁……

与昆虫共存的世界最美丽

法布尔为我们开启了昆虫世界的大门，他笔下的小昆虫，一个个活灵活现、妙趣横生，正是因为有了它们，这个世界才变得更加丰富多彩，生机勃勃。

在我们美丽的地球家园，有近 1000 万种昆虫和我们生活在一起，而目前人们已经知道的昆虫种类大约是100万种，还有90%的昆虫等待着我们去发现、去认识。现在，让我们先从《昆虫记》开始来认识它们吧！

本书作者：[英] 乔纳森·斯威夫特　　推荐人：苔花花

31 《格列佛游记》
格列佛的奇幻旅行

　　如果给你一次旅行的机会，你想去欣赏美丽风景，还是去追寻历史印记，感受不同文化的魅力？这些，都不是格列佛的旅行。他来到小人国、大人国、飞岛国和慧骃国四个神奇国度，体验了一系列奇幻旅行。

　　英国作家乔纳森·斯威夫特的小说《格列佛游记》不仅充满想象力，还无情地讽刺了当时英国的社会矛盾和统治阶级的腐败。《格列佛游记》自1972年出版以来，被翻译成50多种语言，深受各国孩子的喜爱。究竟格列佛在这些神奇的国家遇到了哪些奇闻趣事呢？下面，我们一起跟随格列佛去看看吧。

小人国的奇怪规则

1699 年，外科医生格列佛乘"羚羊号"出航南太平洋。途中，风暴来袭，格列佛被卷到了小人国。这里的人虽然只有铅笔高，却差点儿将"庞大"的格列佛置于死地。他们通过跳高选拔人才，根据鞋跟高低区分党派，因为吃鸡蛋时要打碎鸡蛋的大头还是小头发生战争。聪明的格列佛帮国王解决了很多问题，却遭到大臣嫉妒，又因用尿为皇后的皇宫灭火而被皇后记恨。当他得知国王因为听信谗言，准备将他处死时，便想方设法逃离了这个匪夷所思的国家。

大人国的理想国王

在小人国被视为庞然大物的格列佛，在大人国比猫还小。大人国里的巨人有四层楼高，苍蝇比我们世界里的鸟还大。格列佛被一个发财心切的巨人捉住，被迫像宠物一样在各大城市展演，替巨人赚钱。在巨人赚得盆满钵满后，格列佛被转卖到了王宫。幸运的是，国王正直善良，不仅把国家治理得井井有条，而且对格列佛十分友善。可尽管国王派专人保护他，格列佛还是因身材太小而多次遇险。最后，他被老鹰叼走，带着用皇后头发做的沙发离开了大人国。

飞岛国的魔幻生活

在飞岛国，国王和贵族住在会飞的岛上，利用岛的下落和对阳光的遮挡，威胁并控制着地面的国民。国王和贵族因总爱歪头思考而长着奇怪的歪脖子，需要仆人拍打，才能想起说话、做事。同时，被国王和贵族控制的三块领地也让人惊叹不已。在巴尔尼巴比领地的大科学院里，科学家们研究着如何把粪便还原为食物；在"巫人岛"领地上，国王能唤出死去的人；在拉格奈格领地上则有群永生者。

慧骃国的人马颠倒

慧骃国是格列佛想度过余生的地方。在这里，被称作"慧骃"的马是国家的主宰。它们理性、智慧、善良，而人类则与"慧骃"眼中野蛮、狡诈、贪婪的动物"野胡"非常相似。格列佛被"慧骃"的美德征服，竭力学习它们的思想，摆脱人的恶念，希望长留于此。可最终还是因为被看作"野胡"而被送离慧骃国。伤心欲绝的格列佛回家后，再也无法适应原本的生活，从此过着与妻儿疏离、与马亲近的日子。

小朋友们，读完《格列佛游记》，你们想探险的心是不是已经蠢蠢欲动了？是不是也想有与格列佛一样的奇遇呢？在生活中，虽然我们过着平淡的日子，没有如此奇幻的经历，可只要我们的小脑袋充满想象力，就能让灵魂有趣、让生活多彩。

32 《鲁滨孙漂流记》

只要不放弃，绝地可逢生

《鲁滨孙漂流记》讲述了一个孤岛求生的故事，故事情节惊险刺激。该书是英国著名作家丹尼尔·笛福的代表作，出版于1719年。笛福的创作灵感来自一名苏格兰水手海上遇险的真实故事。三百多年来，鲁滨孙百折不挠的精神在世界各地产生了极大影响，触动了无数读者的心灵。

《鲁滨孙漂流记》被认为是英国现实主义小说的开山之作，笛福也因此被誉为"英国和欧洲小说之父"。

梦想屡屡受挫，险象环生不放弃

鲁滨孙出生在英国一个富商家庭。父亲想让他成为一名律师，但他的梦想是航海。19岁那年，他离开父母，去追寻自己的梦想。

鲁滨孙每次出海都险象环生，其中有一次还沦为了强盗的奴隶。做了两年奴隶后，他找准时机逃到巴西，成为当地的种植园园主。

平静的日子刚过了四年，由于热衷航海，周游世界的梦想又开始涌上鲁滨孙的心头。在利益和梦想的驱使下，他和朋友们又开始扬帆起航，驶向大海。意外的是，飓风使他们的大船失去了方向并搁浅了。

于是他们决定乘坐小艇逃生，不幸的是，中途小艇又被巨浪吞噬，所有人都落到了海里。

荒岛生活，为生存努力奋斗

鲁滨孙用尽全力逃到海岸上，环顾四周后发现，自己又陷入了另一种绝境中：所有同伴都死了，只有他自己流落到了这个荒无人烟的孤岛上。

当绝望过后，鲁滨孙迅速地认清现实，努力克服所有困难。幸运的是，海浪把搁浅的大船冲到了岸边，船上的武器、工具和衣食，足够他撑过最初的日子。

他找了一个适合生存的地方，建立了自己的"海滨住宅"；他把猎物的皮毛剥下来、晾干，然后做成衣服；他用两年时间学会了饲养野山羊，并成功挤出了羊奶；他还种植出了大麦和稻谷，并做出了面包……

鲁滨孙用顽强的信念战胜了孤独，靠辛勤的劳动解决了衣食住行问题。就这样，他白手起家，创建了自己的岛屿王国。

勇敢求生，返回家乡

鲁滨孙在荒岛上独自生活了 24 年后，有一天，他发现一群野人在岛的另一端举行"人肉宴"。他趁机杀死了三个野人，并救下了一名野人们正要吃掉的俘虏。后来他训练这名俘虏成为自己的仆人，取名"星期五"。

又过了三年，一天，有艘家乡的船来到岛上。因为船上发生了叛乱，造反者想在岛上杀死船长和他的副手。鲁滨孙用智慧战胜了叛乱者，并夺回了轮船。一年后，他带着"星期五"和船长等人一起乘船离开荒岛，回到了家乡。

至此，鲁滨孙在荒岛上生活了 28 年 2 个月零 19 天。他在荒岛生活中展现出来的这种百折不挠终将取得成功的精神激励了无数人。

本书作者：[法] 儒勒·凡尔纳　推荐人：渔舟唱晚

33 《八十天环游地球》
惊险的环球之旅

《八十天环游地球》是一本世界著名的科幻小说，这本小说已经面世一百多年了，其中所表现出来的人类征服自然和改造世界的意志与幻想，开创了现代科幻小说的先河。

本书作者是法国著名作家儒勒·凡尔纳，他一生创作了大量优秀的文学作品，对科幻文学流派有着重要影响，被称为"科幻小说之父"。他小说中的很多想象，至今仍是人类科学探索的方向。很多科学家也坦言是受到凡尔纳小说的启迪，才走上了科学探索之路。

《八十天环游地球》故事的主角福格是一位英国绅士，他在俱乐部与朋友闲聊时扬言自己能在八十天内周游世界，并以 2 万英镑做赌注。在经历了千辛万苦、种种磨难后，他终于完成了环游地球一周的壮举。

一场说走就走的旅行

福格先生居住在英国伦敦，有一次，他在俱乐部和朋友闲聊，朋友提出绕行地球一周需要三个月，而他认为只需要八十天。在众人的质疑下，福格和朋友打赌，要在八十天内环游地球一周，并以 2 万英镑作为赌注。当晚，他就带着自己的仆人万事通离开伦敦，开始了这次不同寻常的旅行。

福格真的要开启他的环球旅行了吗？他最终能在约定的时间内回到伦敦吗？

沉着冷静应对千难万险

十九世纪交通不发达，人们出行没有飞机、高铁这样便捷的交通工具，福格和他的仆人只能利用火车、轮船、大象和帆船等方式环游世界。八十天的时间，只要中途有半点延误，都会因赶不上下一站的交通工具而失败。

旅途中，他们遇到了数不尽的磨难和险情。由于到印度加尔各答的铁路没有修好，福格只能高价买下大象穿越丛林，在途中还勇敢地解救了差点被烧死的印度少妇。

不论遇到什么困难，福格始终沉着冷静。火车、轮船晚点时，和土匪斗智斗勇时，为了救回仆人万事通而错过火车时，他都没有惊慌失措。

苦尽甘来赢得最终胜利

经历了千辛万苦，福格就要回到伦敦完成八十天环球旅行的赌约了，偏偏这时候警探费克斯跑来抓捕了福格，随后发现这是个误会，就在这一抓一放间耽误了宝贵的时间，导致福格回到伦敦的时间比约定晚了五分钟！

福格已经做好输掉2万英镑的打算了，结果戏剧性的一幕发生了，因为他们是自西向东环球旅行，无形中提前一天到达，福格意外地获得了最终胜利。

其实，人生本来就是机遇和冒险并存，当我们遇到困难时，不要惊慌，沉着冷静地去面对，就像福格那样，坦然淡定地接受现实，积极地寻求解决方法，然后成为生活的强者。

本书作者：[美] 马克·吐温　推荐人：紫萝

34《汤姆·索亚历险记》
捣蛋鬼也可以成长为男子汉

一提到冒险，同学们那寻求惊险刺激的好奇心就一触即发。今天我们来认识一位名叫汤姆·索亚的小男孩，看看他会经历什么样的冒险故事。

《汤姆·索亚历险记》是一部关于儿童冒险故事的小说。主人公汤姆喜欢自由，厌恶沉闷无趣的生活，幻想成为绿林好汉。于是他五次去冒险，不但收获了宝藏，还成长为一位小小男子汉。

本书的作者是美国文学大师马克·吐温。他一生写了小说、剧本、散文、诗歌等大量脍炙人口的作品。《汤姆·索亚历险记》是他的代表作，被誉为全世界最受欢迎的儿童冒险小说之一。书中的大多数历险故事都确有其事，其中还有一两件是作者的亲身经历。

汤姆"哄骗"小伙伴

汤姆·索亚是一个淘气的机灵鬼。他的父母早逝，他跟波莉姨妈住在美国的一个小镇上，他是这个小镇的"孩子王"。汤姆不喜欢枯燥的学校生活，讨厌宗教礼仪，于是他逃课、打架。波莉姨妈决定惩罚他，让他刷木栅栏。

汤姆可不想自己刷栅栏。他想出一个"妙计"：利用小伙伴的好奇心，让他们以为刷木栅栏是件多么了不起的事。于是，先后有二十多个小伙伴用自己的玩具换取刷木栅栏的机会，而汤姆则跷着二郎腿，坐在树荫下数着换来的玩具。

汤姆当上了"海盗"

汤姆除了调皮捣蛋，还喜欢幻想。有一次，汤姆约上他的好朋友哈克去墓地试试胆量。在墓地，他俩目睹了杀人案：乔埃杀死了一个医生，却嫁祸给酒鬼波特。两个孩子约定决不把这个秘密说出去。

因为害怕，汤姆决定离开。他约了哈克和乔·哈帕一起去当"海盗"。他们趁着夜色来到荒无人烟的小岛，在这里，孩子们过着无拘无束的生活。但由于内心的不安和对亲人的思念，几天后他们还是回到了家里。

不久，镇上开庭审理波特杀人案，汤姆和哈克勇敢地站出来为波特作证，挽救了波特。

汤姆的寻宝之旅

几天后，汤姆和哈克决定去寻找海盗埋藏的金银财宝。可这时，汤姆的同桌贝琪约同学们去野营。汤姆和贝琪因为玩游戏，在山洞里迷了路，爱动脑筋的汤姆利用风筝线找到了山洞的出口。

失踪三天三夜的汤姆和贝琪回到了小镇。休养几天后，汤姆想起在山洞里看到了杀人犯乔埃。于是，大家再次来到山洞，可是乔埃已经死去多日。

乔埃的死亡，让汤姆越发想找出宝藏。汤姆凭借自己的聪明才智，破解了海盗的藏宝之谜，找到了成堆的黄金，成了小镇上的传奇人物。

这就是汤姆·索亚惊心动魄的冒险经历，历险让他逐渐成长为一位善良懂事、有担当的小小男子汉。

35 《海底两万里》

星辰大海里的神秘世界

　　《海底两万里》是法国作家儒勒·凡尔纳的巅峰之作，这本书对海底世界的描写形象生动，惟妙惟肖，故事情节跌宕起伏，充满奇思妙想，充分展示了作者对海洋世界的丰富想象力。该书让很多读者为之痴迷，凡尔纳也因此被誉为"科幻小说之父""科学时代的预言家"。

　　故事的主人公彼埃尔·阿罗纳克斯，是法国权威生物学专家、巴黎自然博物馆副教授。他意外落海，进入"怪物"——鹦鹉螺号潜水艇内，开启了一段神秘奇妙的海底世界之旅。本书通过对外表冷酷无情，但内心善良、疾恶如仇的尼摩船长的描写，抨击了殖民主义的恶行，揭露了当时社会的压迫与不平等现象。

海洋惊现怪物，教授三人落海

　　听最近出海归来的人说，海洋中有一头"怪物"，长得像一个棒槌，也有点像飞镖，体形比海上最大的蓝鲸还要大上好几倍，身体灵敏，跑起来像火箭。

　　"怪物"频频袭击人类，引起了人们的极度恐慌，美国政府派出了一艘名为"林肯号"的战舰前去消灭"怪物"。生物专家阿罗纳克斯教授收到了追捕邀请，欣然前往。

在海上搜寻了三个多月，他们终于发现了"怪物"。在与"怪物"的斗争中，教授和其他两人不幸落海。

海底世界万花筒，教授一行开眼界

幸运的是，教授三人没有葬身海底，而是落在了"怪物"的肚子里。这个"怪物"就是尼摩船长的鹦鹉螺号潜水艇。

尼摩船长和鹦鹉螺号潜水艇引起了教授的强烈好奇：船长博学，睿智，精通六国语言，极富创造力和探险精神，他建造了世界上第一艘潜水艇，第一个发现并开采了海底煤矿，利用海洋资源解决了他和船员们的吃穿用度，还将自己对海洋研究的总结翻译成了不同语言。鹦鹉螺号仿佛一个独立王国，尼摩船长就是国王。

尼摩船长允许教授三人留下来生活，但要求他们终身不得下船。教授一行虽不情愿，但跟着尼摩船长周游各大洋的旅途中，饱览了海底的奇幻奇观和各类生物，经历了一些险象环生的事情，收获颇丰。

"海洋怪物"遇袭击，教授一行终于脱险

在鹦鹉螺号上生活了半年多，教授也渐渐了解了船长：船长勇敢，当印度采珠人被鲨鱼袭击时，他会奋不顾身地和鲨鱼肉搏；船长善良，面对水手的死亡，他会激动地流下眼泪，并为之举行庄严隆重的珊瑚王国的葬礼；船长同情穷苦人民，劫富济贫；船长怜惜受奴役的人，

他用海底沉船里的金银财宝援助陆地上殖民地人民的反抗斗争；船长冷漠、残酷，他将对杀害他妻儿的殖民主义者的仇恨转变成了复仇行为，对任何攻击他的人都毫不留情。

当船长凶狠地报复海洋上的船只时，教授劝说无效，决定逃离。在一个发生大漩涡的晚上，教授三人驾驶着小船，逃离了鹦鹉螺号。

离开了鹦鹉螺号的教授，经常怀念和牵挂着尼摩船长，希望世界上充满和平正义，不再有压迫，尼摩船长也能早日放下仇恨，回归正常生活。

本书作者：[英]罗伯特·路易斯·史蒂文森　推荐人：早睡

36 《金银岛》
世上最珍贵的不是金银财宝，而是勇气与正义

每个孩子心里都有一个冒险梦。冒险是孩子探索世界、认识世界、满足好奇心的主动方式。在冒险中，孩子可以收获智慧和勇气，得到锻炼和成长。现在，就让我们一起进入《金银岛》，来体验一场惊险刺激的冒险之旅吧！

《金银岛》是英国小说家罗伯特·路易斯·史蒂文森的代表作，

讲述了一个聪明、勇敢的小男孩偶然间得到了一张藏宝图，与一群大人前往金银岛寻宝的故事。这部小说开启了寻宝题材小说的先河，自问世以来，被译成多种文字，还被改编为电影、电视剧，在世界各地广为流传。

前去金银岛寻宝

故事发生在海边的一个小旅馆。一天，小旅馆来了一位凶神恶煞的刀疤船长，他让旅馆主人的儿子吉姆帮他留意一名"独腿水手"。可是"独腿水手"一直没有露面，反而是其他人先找上了船长。船长和他们起了争执，受伤后因饮酒过量死在了旅馆里。

吉姆和母亲打开船长的箱子，想找出能抵偿房费的东西，却找到了一张藏宝图。藏宝图上标记了海盗的宝藏地点——金银岛。

当地的乡绅得知此事后买了一条帆船，组织医生、船长、厨师、水手，还有吉姆一起去寻找海盗的宝藏。

寻宝途中危机来临

在前往金银岛的途中，吉姆不小心掉进了苹果桶里，他在里面偷听到了厨师和水手的对话。原来，看似和善的厨师就是那个让刀疤船长害怕的"独腿水手"，他就是那个凶狠的海盗头目。他和水手密谋，打算劫持船只，抢走宝藏。

吉姆回到船舱，把消息告诉了医生和船长，他们这才发现，船上大部分水手都已经被海盗收买了。就在这时，船在金银岛附近抛锚停泊，船长趁机劝说厨师带着一些水手上岸休息，然后让医生等人偷偷地把物资运到岸上一处木寨里。他们打算放弃帆船，借助岸上的有利地形，固守在木寨里抵御海盗。

正义获胜取得宝藏

此时，淘气的吉姆偷偷跟在厨师后面上了岸，为躲避海盗，在丛林中遇到了野人冈恩，他告诉吉姆自己已经掌握了宝藏的秘密。离开冈恩后，吉姆找到了退守到木寨里的伙伴，共同打退了海盗的进攻。

晚上，求胜心切的吉姆偷溜出来割断帆船的缆绳，把帆船停到了海岛的另一边。当他回来后，却发现木寨被海盗占领了。原来在他离开的时候，冈恩告诉医生，宝藏已经被他挖出来，运到了他住的山洞里，于是医生就转移了阵地。

吉姆被海盗强迫一起去找宝藏。当海盗来到藏宝地时，却发现宝藏早就被挖走了，他们大受打击，被埋伏的医生等人打败。最后，吉姆和同伴们得到了宝藏，满载而归。

精彩的冒险虽然结束了，但吉姆身上的勇气与正义却值得我们学习，这也是《金银岛》留给我们的最珍贵的宝藏。

37 《海蒂》

快乐的魔法师

《海蒂》讲述的是一个关于爱与被爱的故事。故事发生在美丽的阿尔卑斯山，主人公是小女孩海蒂，她天性善良、乐观，热爱生活，乐于助人，她快乐的情绪总能感染身边的每一个人。

《海蒂》是瑞士儿童文学家约翰娜·斯比丽创作的长篇小说，出版至今虽已过百年，但海蒂的形象对现代的广大读者仍有着巨大的吸引力。该书先后被译成70多种语言，还被改编成广播剧、电影、电视、卡通片、连环画等多种艺术形式。小说中描绘的海蒂的家乡，也已成为一个旅游景点，吸引着世界各地的读者和观众前去参观拜访。

初识大山

海蒂自幼父母双亡，被姨妈收养。5岁那年，姨妈因为要去法兰克福工作，无法再继续照顾海蒂，她便被送到了爷爷那里。

爷爷一直离群索居，独自生活在阿尔卑斯牧场。他脾气倔强、性格古怪，村里人都不敢靠近他。海蒂的到来虽然给爷爷制造了不少麻烦，但慢慢地她用自己的热情和乐观打开了爷爷的心扉。两人的感情日渐深厚，心情抑郁的爷爷也变得开朗起来。

在大山中，海蒂还交到了新朋友——牧羊少年彼得。他们一起在青山绿野间玩耍，悠哉快活。海蒂非常享受这自由自在的日子。

富家之旅

然而，一场意外打破了海蒂的平静生活。8岁的海蒂被姨妈骗走，并卖给了富裕的塞斯曼家，给塞斯曼瘫痪的女儿克拉拉做玩伴。

海蒂的到来给克拉拉带去了欢乐，两个小女孩很快就成了情投意合的好朋友。可女管家对海蒂非常严厉。她要求海蒂必须遵守大城市的家庭伦理规则，比如不许随意外出；必须按时睡觉，按时起床；上课不许说话……

天性爱自由的海蒂受不了女管家的严厉管束，不久便患上了思乡病和梦游症。对家乡的思念，使海蒂日渐消瘦，精神恍惚。在医生的建议下，海蒂被送回了大山。

重回大山

海蒂重回大山，爷爷又变得开朗起来。在乡村牧师的建议下，祖孙二人搬回了爷爷从前居住的村子，并和村民们重新建立了友好关系。

此时，在塞斯曼家，失去海蒂陪伴的克拉拉倍感孤独，她的心情也变得忧郁起来。在医生的提议下，克拉拉也被送到了大山，和海蒂住在一起，开始接受自然的疗养。

在海蒂和爷爷的帮助下，忧郁的克拉拉变得活泼开朗起来，并且重新获得了行走的能力。

海蒂就像一个快乐的魔法师，用她的纯真、善良、友爱、乐观为身边的每一个人带来欢乐。在她的身上，我们看到了人性的至真、至善、至美。我们要像海蒂一样，热爱大自然，拥抱生活，用爱与善意去待人处事，只有这样，我们才会获得更多的快乐。

本书作者：[美] 路易莎·梅·奥尔科特　　推荐人：一米阳光

38 《小妇人》
心中有爱，人生才会更幸福

《小妇人》是一部少女的成长史，也是一首真爱的赞美诗，自出版150多年来，被译成数十种文字，还多次被改编成同名影视作品搬上屏幕，深受大众喜爱。

《小妇人》是美国女作家路易莎·梅·奥尔科特的成名之作，作者以个人的成长经历为蓝本，讲述了在南北战争时期，马奇家的四个女儿在艰苦的环境中相亲相爱、不断成长的故事。

爱让她们自强自立

父亲常年在外，家庭的重担落在了母亲身上。母亲每天早出晚归，但她从来不在孩子面前抱怨。四个女儿在她的影响下，也学会了自强自立。

老大梅格不仅主动承担起照顾妹妹的任务，还去找了一份做家庭教师的活儿挣钱养家。那些富人家的女孩不屑于和她交朋友，但梅格坚定地认为，靠自己的劳动挣钱是光荣的，她的内心踏实快乐。二女儿乔一边侍候跛腿的马奇姑妈，一边通过写作挣取稿费来贴补家用。三女儿贝思每天帮着做家务，把家里打理得整洁舒适。小女儿艾米在家里最小，但也早早地学会了自立，喜欢跟在乔的后边，做一些力所能及的事。

四姐妹和妈妈一起，撑起了这个家。

爱让她们共渡难关

父亲病重的消息传来，母亲要立即动身赶到父亲的身边，可是家里连买一张火车票的钱都没有。乔偷偷地去了理发店，毅然决然地卖掉了自己引以为傲的美丽长发。

贝思病重了，梅格放下自己的小家庭，赶到贝思身边，全心全意地照顾她；乔立即从纽约火速赶回来；艾米虽然没能及时回家，可她在外心急如焚，时刻挂念着生病的贝思。

艰难的岁月不可避免，但因爱而生的温情支撑着她们克服一切苦难，共同面对生活的磨难。

爱让她们坚持梦想

年少时，人们都有过梦想，这四个姐妹也不例外。梅格想成为贤妻良母；乔想成为一代文豪；贝思的心愿是身边所有人都过得幸福快乐；艾米想成为有钱的画家，让家人不再过苦日子。

怀着对家人、对他人的爱，四姐妹在实现梦想的路上努力着、坚持着。

在金钱和名利的诱惑面前，梅格选择了真心相爱的穷小子，用心经营着自己的婚姻，把日子过得有声有色；乔坚持写作，孤身一人前往纽约，为了成名，也为了挣更多的钱养家；贝思一心想着别人的幸福，在救助穷人时感染了猩红热，失去了年轻的生命，但直到临终时，她都觉得自己是幸福的；艾米虽然没能成为画家，但一直坚持绘画。

当初因为爱，她们种下了梦想的种子，不管种子能不能发芽，她们都曾用心呵护过，便无怨无悔。

愿生活中的我们，永远怀揣着爱，向着梦想勇敢地前进，过自己想要的人生。

39 《雾都孤儿》
做一个温暖的人

　　《雾都孤儿》是英国作家查尔斯·狄更斯创作的长篇写实小说。他出生于海军小职员家庭，10岁时全家被迫住进了负债者监狱，11岁就开始打工养家。狄更斯勤奋好学，靠自学创作了大量的文学作品。

　　《雾都孤儿》是查尔斯·狄更斯的第一部社会小说，也是19世纪英国文学史上里程碑式的著作。这部小说已多次被改编成影视作品，小说中"奥利弗要求添粥"一节内容，还被编入了多种英语教材中。

　　《雾都孤儿》以雾都伦敦为背景，讲述了孤儿奥利弗的悲惨身世及凄苦遭遇，他历尽辛酸，在善良人的帮助下，最后查明了自己的身世并获得了幸福。

坚守自己的内心

　　主人公奥利弗一出生就成了"孤儿"。在孤儿院时，他没有吃过一顿饱饭。9岁时被送到棺材铺当学徒，因受不了欺凌，他步行7天逃到了雾都伦敦，却又被带进了贼窝。

　　窃贼团伙的头目费金千方百计地引诱、逼迫奥利弗去做贼，但奥利弗不惜冒着生命危险，一次又一次地拒绝了他。

身处贼窝的奥利弗每天和贼同吃同住，没有任何办法逃脱。他知道"偷东西"是不对的，但弱小的他无法反抗和阻止这群贼的行为，奥利弗唯一能做的就是不受他们的影响，始终保持着自己的善良和温和。

相信善有善报

奥利弗机智地阻止入室盗窃事件，却因此中了枪。善良的梅里太太一家收留了受伤的奥利弗，并想尽一切办法，证明奥利弗不是入室盗贼团伙中的那个孩子。

为了营救奥利弗，老绅士等善良的人们缜密地商量、小心地行动，无私地献出了他们的爱心、智慧，甚至生命。

身处贼窝的女孩南茜也是一个孤儿，被费金养大后，她成了一名女贼。奥利弗善良仁爱的言行，唤醒了南茜那颗原本善良的心。为了营救奥立弗，她献出了自己年轻的生命。

奥利弗始终坚守着善良和仁爱，打动了很多善良的人，在他们的帮助下，奥利弗找到了小姨，成了老绅士的干儿子，开始幸福地学习和生活。

用爱温暖世界

生活给了奥利弗很多苦难，他却从不抱怨。对所有帮助过他的人，他给予最诚挚的感谢；对生活中的美好，他露出最灿烂的笑容。

奥利弗不回忆曾经的痛苦，不以牙还牙，不耿耿于怀。他只看到善良，只感恩美好，他只想给世界带来温暖，于是他温暖了自己，也温暖了别人！

孩子们，生活如同天气一样，有狂风暴雨的日子，也有阴雨连绵的时候，但阳光总在风雨后！只要我们像奥利弗那样，始终用善良和爱去面对一切，坚持做一个温暖的人，那么美好和幸福就一定会降临！

本书作者：[英] 夏洛蒂·勃朗特   推荐人：牧凝

40 《简·爱》
做一个像简·爱一样坚强自立的女人

一个 5 岁的孩子，没有父母，寄人篱下，受尽白眼，她要怎么生活？《简·爱》这本影响世界的小说，讲述的正是这样一个孩子的故事。面对种种苦难，简·爱坚持不懈地追求平等和自由，最终过上了幸福的生活。

《简·爱》是一部带有自传色彩的小说，这部小说一经出版，就轰动了 19 世纪的整个文坛，成为英国文学史上的一部传世之作。多少年来，这本书更是鼓舞了一代又一代的女性去追求平等和自由。诺贝尔文学奖获得者莫言曾评价说"读过《简·爱》犹如拥有一笔财富"。

作者夏洛蒂·勃朗特是19世纪英国著名的"勃朗特三姐妹"之一，她的两个妹妹分别是名著《呼啸山庄》和《艾格妮丝·格雷》的作者。因为创造了带有觉醒意识的女性形象，夏洛蒂·勃朗特拥有了"最伟大的女性主义作家"的地位。

不被困难打倒，才能走出新天地

简·爱出生不久就失去了父母，只能住在舅舅家。舅妈对她厌恶至极，还经常虐待她。舅舅病逝后，舅妈便把她送进了孤儿院。

孤儿院的环境非常恶劣，简·爱吃不饱穿不暖，老师还经常当众羞辱她。万幸的是，一个叫谭波尔的老师对她很好。在她的影响下，简·爱学会了坚强，学会了努力学习，并成为班级的第一名。

正是凭借这种不怕困难的精神，简·爱走出了自己的一片新天地。

就算再珍视，也不能无原则地妥协和牺牲

随着谭波尔的离开，简·爱对学校生活也失去了希望。她通过刊登广告，来到桑菲尔德庄园，成为家庭教师。

通过一段日子的相处，简·爱和雇主罗切斯特相爱了。可是在两人举行婚礼时，简·爱却得知罗切斯特已经有一个妻子，虽然已经疯了，但一直住在庄园里。

理性的简·爱无法接受这样的现实，她决定离开。因为她心里明白，绝不能为了爱情做无原则的妥协和牺牲。

女性不是工具，应享有自由平等的权利

简·爱离开庄园，来到一个村庄，被好心的牧师收留。不久，牧师准备去印度传教，便向简·爱求婚，但是被简·爱拒绝了。

简·爱心里明白，对牧师来说，妻子只是一个工具。这样的婚姻是不平等的。她知道自己还爱着罗切斯特，于是，她决定回到桑费尔德庄园。

罗切斯特的妻子放火烧了庄园并坠楼身亡，大火也使罗切斯特受伤致残。但这一切，并没有减少简·爱对罗切斯特的爱。两人终于步入婚姻，幸福地生活在了一起。

从简·爱身上，我们看到了一个自尊、自爱、自立、自强，勇敢追求自由和平等的女性形象。她深深地影响着几代人。无论身处何种境地，我们都要坚强面对，充分享受生命的乐趣和生存的意义。

本书作者：[美] 玛格丽特·米切尔   推荐人：静心

41 《飘》
努力绽放，活出自我

生活在和平年代，我们可能无法想象当战争摧毁一切时，要如何

直面现实并活出自我。长篇小说《飘》讲述的就是在美国南北战争期间，女主人公斯嘉丽在家园被毁、至亲离世的逆境中，成功地由一个任性骄傲的千金小姐，蜕变成女强人的心路历程和人生经历。

《飘》的作者玛格丽特·米切尔是美国现代著名女作家。她一生虽然只有这一部作品，但该书一经问世，就引起了轰动，出版仅六个月就销售了1000万册，还获得了普利策奖。而根据该书改编的电影《乱世佳人》也获得了奥斯卡金像奖等十余个奖项。无论是书，还是电影，都成为了时代经典，经久不衰。

把幻想的爱情变成牵挂

斯嘉丽是塔拉庄园主的女儿，她开朗、倔强又叛逆。在当时男人主导一切的社会里，斯嘉丽却不愿依附男人，不想让自己成为美丽的花瓶。

漂亮灵动的斯嘉丽吸引了无数优秀男子，可她只倾心艾希礼。当得知艾希礼要和他的表妹梅兰妮订婚后，斯嘉丽勇敢地向艾希礼表达了爱意。然而，艾希礼却说自己只爱梅兰妮。斯嘉丽失去了幻想中的爱情，但她并没有消沉，而是将对艾希礼的爱变成了心中的牵挂。

身处逆境也要迎风生长

这时，美国南北战争打响，被艾希礼拒绝的斯嘉丽为了挽回自己的面子，嫁给了梅兰妮的哥哥查尔斯。两个月后，查尔斯不幸战死，斯嘉丽成了寡妇。

受战乱波及，斯嘉丽的母亲过世，父亲病倒在床，妹妹们需要照顾，艾希礼也上了前线。斯嘉丽忠于艾希礼的托付，带着梅兰妮母子一起回到了塔拉庄园。

为了摆脱庄园的危机，斯嘉丽嫁给了第二任丈夫弗兰克。可是弗兰克不善经营，斯嘉丽只好自己亲自管理庄园。为了生计，斯嘉丽不顾别人异样的目光，在瑞德的帮助下，建起了木材厂。

在艰难岁月中，斯嘉丽以坚韧的性格承担起家庭的重担和友人的嘱托。她从不向困难低头，而是像野草一样迎风生长。

失去真爱依然充满希望

斯嘉丽在弗兰克过世后，嫁给了一直帮助自己的瑞德，还生了一个女儿。但她依然忘不掉艾希礼。深爱斯嘉丽的瑞德感到失望，在他们的女儿坠马离世后，斯嘉丽和瑞德的隔阂越来越深。

梅兰妮因病离世，艾希礼就像惊慌失措的孩子，想要寻找庇护。斯嘉丽这时才明白，原来自己爱的是值得依靠的瑞德。斯嘉丽飞奔回家想告诉瑞德，但瑞德已经离家远去。

"不管怎样，明天又是新的一天"，这是斯嘉丽心底的信念，也是激励逆境中的人奋勇前行的希望之语。愿你我无论经历过什么，或正在经历什么，都可以像斯嘉丽一样，充满希望、坚强地活出自我。

42 《老人与海》

一个人可以被毁灭，但不能被打败

　　当你在生活中遇到困难、感到无助时，是不是很想获得战胜困难的勇气和力量呢？那就读一读《老人与海》这部小说吧！它能激发我们的斗志，让我们有勇气和力量战胜困难。

　　《老人与海》讲述的是一位古巴的老渔夫，经过两天两夜的坚持，终于钓到一条大鱼，并为了保住它而奋力与鲨鱼搏斗的故事。

　　这部小说是美国著名作家欧内斯特·海明威的代表作，它奠定了海明威在世界文学史上的地位。凭借这部作品，海明威相继获得了美国普利策奖和诺贝尔文学奖。该小说自1952年出版后备受读者青睐，几十年来，影响着几代人的成长，被评为影响历史的百部经典之一。以该小说为依托改编的电影、动画片，同样受到世界各地观众的喜爱。

老人乐观平和的心态

　　老人已经84天都没有钓到鱼了，他的生活非常困难，人们都说他是一个失败者。但他根本没有把这些放在心上，依然坚持每天独自出海，坚信自己一定能钓到大鱼。

在海上，当他感到孤独时，就与海鸟、海龟们做伴、聊天。在感到势单力薄时，他也没有灰心、急躁，而是不断地鼓励自己冷静应对困境。

不久后，他钓到了一条鱼，却很快被鲨鱼们抢食一空。老人感觉有些失落和难过，但很快就重新燃起希望，乐观地谋划着改良工具，继续加油。

老人这种乐观平和的心态，使他在遇到困难时，能临危不惧，从容应对。

老人永不言弃的精神

第 85 天，终于有鱼上钩了，还是条体量巨大的鱼。它奋力地想挣脱鱼钩，老人根本就不是它的对手。

第 86 天，老人双手死死地收着钓丝，以曾经的胜利激励自己坚持住，继续与大鱼较量。经过两天两夜的拉锯战，老人忍住了饥渴、困倦和伤痛，始终没有放弃，一直到把大鱼拖得精疲力竭时才趁机杀死了它，并用尽全力把它拴在船上。老人永不言弃的精神，终于让他钓到了一条大鱼。

老人敢于拼死搏斗的气魄

返航途中，大鱼的血腥味引来了四条大鲨鱼。它们凶猛异常，冲过来不停地撕咬着大鱼。

老人的处境非常危险，随时都有可能被鲨鱼一口吞掉。但是他没有畏惧，心里只有一个信念：一个人可以被毁灭，但不能被打败。

他拿起一切可以利用的工具，用力刺向大鲨鱼，并最终战胜了它们。但是天黑之后，又来了一群鲨鱼，精疲力竭的老人只能快速掌舵离开。最终，老人只带回了一副巨大的鱼骨架，但是他还是觉得很开心，因为自己真的已经尽力了。

老人凭着拼死搏斗的精神，战胜了强敌。

这个故事告诉我们：人这一生，难免会遇到这样那样的困难，只要我们像老人那样，乐观平和地面对困难，敢于拼搏，坚持到底，就会看到胜利的曙光。

本书作者：[美]海伦·凯勒　推荐人：晴天

43 《假如给我三天光明》
盲聋哑的她，一生用爱拥抱世界

海伦·凯勒是美国盲聋女作家和残障教育家，她虽然生活在无光、无声、无语的世界里，却为聋盲人带来了光明，并以崇高的精神和顽强的意志赢得了世界各国人民的尊敬和爱戴。

《假如给我三天光明》是海伦的自传作品，讲述了她如何接受生命的挑战，用爱去拥抱世界的故事。这本书被誉为"世界文学史上无与伦比的杰作"。

经历光明与黑暗

　　海伦出生时，身体是健康的。不幸的是，她19个月时，因一场疾病，成了一个看不见世界、听不到声音的孩子。曾经，她因为自己的缺陷而大发脾气，性格极度暴躁，总是做一些匪夷所思的事情。她的父母意识到，应该请一位专业的老师来指导她，于是莎莉文老师来到了她身边。莎莉文老师用特殊的教育方式，点燃了海伦对生活的希望，她亦师亦友，是海伦生命中最重要的人。

坚强乐观，用爱发光

　　在莎莉文老师的帮助下，海伦开始学习单词。刚开始，莎莉文老师让她感受字迹在手中流淌，渐渐地，她又开始用手感受别人的舌头、嘴唇和喉部的运动，学习说话。

　　就这样，海伦凭借顽强的毅力，学会很多技能，并以优异的成绩考上了哈佛大学，不仅获得了文学学士学位，而且掌握了英语、法语、德语、拉丁语、希腊语5种语言。要知道，这是一个健全的人都很难做到的事情。

　　海伦不仅成绩优异，还有一颗善良、博爱的心。大学毕业之后，她四处演讲、做慈善，把自己的一生都献给了慈善事业。

渴望有三天光明

现在，我们习惯沉浸在电视、手机等电子产品里，习惯把眼前的一切事物视为理所当然，却忽视了生活中的美好。殊不知，这些恰恰是失去光明的人所渴望的。

海伦渴望能有三天光明，她是这样安排的。

第一天，她要见几位朋友，其中最想见的是莎莉文老师。当海伦还是个孩子时，莎莉文老师便在她身边，用温柔和耐心帮她打开与外界沟通的大门，促使她成长。

第二天，她要去探究人类艺术。她想去博物馆寻找开启美的钥匙，还要去剧院或者电影院看各种表演，要将书中的文字通过表演的形式印在脑海中，以此感受艺术的魅力。

第三天，她要真切地感受这个世界，参观她所在的城市，走进人们的真实生活。她要将所有的一切，都变成美好的回忆。

面对生活的磨难，海伦从来没有怨天尤人、虚度光阴，她乐观、坚强、勇敢，用自己的实际行动证明人类可以战胜命运，让世人懂得珍惜生命，热爱生活，关爱他人，努力实现生命的价值，这样我们的生活才能充实而快乐。

本书作者：[苏联]尼·奥斯特洛夫斯基　推荐人：晓梅

44 《钢铁是怎样炼成的》

英雄的赞歌

　　《钢铁是怎样炼成的》是一部震撼人心的长篇小说，讲述了保尔·柯察金在烽火岁月中克服千难万险，战胜自我，成为一名优秀革命战士的光辉历程。

　　本书作者尼·奥斯特洛夫斯基，是苏联无产阶级革命家、作家。同时，他也是苏维埃"优秀的共产主义战士"，曾获得"列宁勋章"。这本带有自传性质的书，就是作者在全身瘫痪、双目失明的情况下，凭借着顽强的毅力，用三年时间创作的。

做工谋生，立下革命初心

　　故事的主人公保尔·柯察金出生于贫困的工人之家。12岁时母亲把他送到食堂做工。为了生活，保尔又先后在电厂、木材厂工作。然而，不管走到哪里，保尔总会受到欺侮和压榨。因此，他恨透了资产阶级剥削工人的丑恶嘴脸，他渴望自由平等的新世界。

　　有一次，保尔在哥哥的介绍下，认识了布尔什维克地下党工作者朱赫来。朱赫来很喜欢保尔，他不仅教会了保尔打拳和电工技术，同时还将许多革命道理教授给了保尔。在朱赫来的影响下，保尔的革命热情被激发了出来。

不久，保尔下定决心去寻找红军部队，为革命贡献力量。

出生入死，铸就钢铁意志

在哥哥的帮助下，保尔顺利地加入了红军。入伍后的保尔先是做了侦察兵，随后又当上了骑兵。在战场上，保尔和他的战友们一起出生入死，杀敌无数。

当保尔得知战友们惨烈牺牲的消息后，他再也抑制不住内心的悲愤，于是举着马刀，向战火最猛烈的地方冲去。就在这次激战中，保尔不幸被铁块灼伤了头部，在医院经历了十三天的高烧和昏迷后，才逐渐苏醒过来。然而抢救过来的保尔因伤势过重，再也无法重返前线了。

战胜病魔，赢得崭新人生

既然不能冲锋陷阵，那就到战场后方去建设祖国。伤势好转后的保尔，加入到抢修铁路的艰苦工作中。

就在筑路工作接近尾声的时候，保尔不幸因伤寒引发了肺炎，组织上不得不把他送回家乡去休养。

病愈后的保尔继续忘我地工作。可是，由于种种旧伤病的影响，保尔的身体变得越来越差。最后，他不仅失去了双腿，还失去了双眼。痛苦的保尔几度想结束自己的生命，但最终他选择了坚强地活下去。

他开始用笔做武器，通过文学创作继续支持党的事业。

让我们以保尔为榜样，不负青春、不负韶华，脚踏实地，为自己的理想而奋斗，也为实现伟大的中国梦贡献自己的力量。

本书作者：[美] 卡勒德·胡赛尼　推荐人：常玉国

45 《追风筝的人》

为你，千千万万遍

这是一个美好与悲惨交织的故事，也是一部描写亲情与友情、战乱与安宁、人性与救赎的长篇小说。

在《追风筝的人》中，12 岁的富家少爷阿米尔和他的小跟班哈桑一起长大，情同手足，但是一桩惨剧的发生导致他们分道扬镳。为了弥补少年时对好友的亏欠，成年后的阿米尔冒着生命危险回到战乱中的阿富汗，救出了哈桑的儿子。

这本书是美籍阿富汗作家卡勒德·胡赛尼的第一部长篇小说，出版于 2003 年。作者将自己的经历和情感融合在一起，创作出了这部具有历史意义与现实意义的作品。这本书引发了人们对于友情、人性，以及家国命运的思考。2006 年，作者获得联合国人道主义奖，并受邀担任联合国难民署亲善大使。

📖 一对最佳拍档："风筝斗士"和"追风筝的人"

在阿富汗，每年春天都会组织两项风筝比赛。

一是斗风筝。谁能用自己的风筝线切断别人的风筝线，并将风筝最后留在空中，谁就是赢家。赢家会被称为"风筝斗士"。

二是追风筝。捡到最后那只被割断线的风筝的孩子，就是"追风筝的人"。

对于孩子们来讲，能赢得这两项比赛中的任意一项都是至高无上的荣誉。阿米尔擅长斗风筝，哈桑则对追风筝有着独特的天赋，他俩组成了最佳拍档。

📖 忠诚与背叛：赢得了比赛，他们却分手了

又是一年风筝节，阿米尔作为最出色的"风筝斗士"，割断了所有对手的风筝线；而哈桑作为最优秀的"追风筝的人"，发誓要为阿米尔追到最后的那只风筝。哈桑说："为你，千千万万遍！"

哈桑追到风筝后，在返回的途中，被三个坏孩子拦截。为了保护风筝，哈桑惨遭欺凌。阿米尔看到了这一切，却没有挺身而出。

阿米尔无颜面对哈桑，反而陷害哈桑偷窃了他的生日礼物。哈桑无辜蒙冤，却不做解释，和爸爸一起离开了阿米尔的家。

之后，战争在阿富汗爆发，阿米尔和家人逃亡到了美国。

人性美好："为你，千千万万遍"

战乱中，为了守护阿米尔家的住宅，哈桑夫妻二人惨遭杀害，唯一的儿子索拉博成了孤儿，下落不明。阿米尔接到求助信息后，回到了阿富汗，拼死救出了索拉博。但因为屡遭暴力侵害，索拉博得了严重的自闭症，失去了笑容。

有一天，阿米尔和索拉博在公园偶遇斗风筝比赛。当阿米尔为索拉博去追风筝时，索拉博笑了。阿米尔从少年时就背负的内疚感终于放下了。

此时，阿米尔脑海中又浮现出哈桑说过多次的那句话："为你，千千万万遍！"

少年时代的友情无比珍贵，会影响一个人的一生。珍惜友谊，忠于友情，是对朋友最好的回报。

本书作者：[英] 威廉·萨默赛特·毛姆　推荐人：一玖先生

46 《月亮与六便士》
人之所以痛苦，是因为我们追求了错误的东西

现实中可能出现这种情况：我们想要画画，父母却让我们多做几

道数学题；长辈害怕我们考不上大学，总要帮我们安排各种补习班。理想和现实的冲突，在生活中随处可见。读《月亮与六便士》这本书，可以让每一个人找到自己内心想要的答案。

作者威廉·萨默赛特·毛姆是英国著名作家，并被誉为20世纪最会讲故事的作家。这本书是以法国印象派画家保罗·高更为原型所创作的现实主义小说。书名中的"月亮"代表心中的理想，"六便士"则代表现实。作者在书中以第一人称叙事的方式讲述了主人公舍弃六便士，追求月亮的故事。

内心并不快乐

在外人看来，主人公斯特里克兰拥有令人羡慕的人生，太太优雅，孩子可爱，生活富足，工作顺心，仿佛这世上人们所期盼的东西他都拥有了。可是斯特里克兰的内心并不快乐。

小时候，他想成为一名画家，但父亲总说搞艺术是没有出路的，于是他成了一名证券经纪人。可是生活上的富裕并不能给他带来精神上的愉悦。他感觉自己就像一个溺水的人，必须游出这里才能获救。于是在某个早晨他留下了书信，离家去了巴黎。

在内心被压抑了多年后，斯特里克兰还是决定放弃现实中的六便士。

满眼只有画画

在巴黎，斯特里克兰一直生活在贫穷和饥饿中。画家斯特罗夫是唯一认可他才华的人，并时常照顾和接济他。可斯特里克兰眼里只有画画，虽是无意，但斯特罗夫妻子的死与他脱不了关系。斯特罗夫伤心地离开了斯特里克兰。

而人到中年的斯特里克兰，彼时除了画画什么都不在乎了。他不需要友情，不需要爱情，不需要金钱。只有肚子饿的时候才出去工作，一旦赚到可以买颜料的钱，他就放弃工作继续作画。

满眼只有画画，斯特里克兰心里始终装着理想的月亮。

生命的满足

贫困的斯特里克兰流落到一个与世隔绝的小岛上，他和一个支持他画画的土著女子结了婚。尽管过着近乎原始的生活，但能够无后顾之忧地画画，他迎来了一生中最自由幸福的时光。

好景不长，斯特里克兰患上了麻风病。临死前，他在房子里完成了一幅巨大的壁画，每一个看过的人都震惊不已，感叹他的才华。可他留下遗言，让妻子烧掉房子。他和他最后的画作就这样消失于世间。

"满地都是六便士，他却抬头看见了月亮"，这就是斯特里克兰的一生。

其实六便士也好，月亮也罢，只要能让我们的心灵觉得安宁，觉得欢喜，那便是正确的选择。

47 《少年维特之烦恼》

少年的感情、理想与烦恼

在两百多年前的德国，有一位名叫歌德的青年写了一部小说。这部小说曾震撼了整整一代德国青年的心灵，在整个欧洲引起巨大反响，并在世界各国广泛流传，产生了重大的国际影响。这就是《少年维特之烦恼》。

该书以书信的形式，将少年维特的感情和不幸放置在广阔的社会背景中，揭露了封建社会的等级偏见，以及一些小市民的自私与守旧，宣扬了个性解放和感情自由的思想。

来到山村，他陷入无望的感情

维特出身于平民阶层。他多才多艺，富有理想，崇尚自然。一年春天，他来到了一个美丽的小山村。

小山村不仅景色优美，而且民风淳朴。在这里，维特给村里的孩子画画，跟农夫谈心，很快就和村民们成了朋友。维特还认识了纯朴、美丽的少女绿蒂，两人一见钟情。可是天不遂人愿，绿蒂早已订婚，她不得不履行与别人的婚约。这是一种无望的感情，悲痛欲绝的维特只得告别绿蒂，离开小山村。

回到城市，他的才华无处施展

维特回到城市，在公使馆找了份工作。他很想做些对社会有用的事，但工作中处处是尔虞我诈，互相猜忌。他很难有所作为。

不久，他辞去工作，应邀来到一位伯爵的庄园。伯爵很欣赏他的才华，伯爵的贵族朋友却对出身平民的维特不屑一顾。他们高傲地看着维特，并嘲笑、讥讽他，伯爵迫于压力只好让他离开。

经过一番闯荡后，维特发现在这个等级偏见很严重的社会，难有他的立足之地。

再回山村，感情与理想均遭破灭

维特始终忘不了绿蒂，十分想念她，于是又回到了小山村。可这儿已经物是人非。绿蒂早已成了别人的妻子，而善良的村民也一个个惨遭不幸。他曾为之作画的两个孩子，其中一个已经遇难，原来交好的农夫朋友也失业了。

村里一位爱恋绿蒂而精神失常的青年，因为发疯杀人被判死刑。维特同情他，竭尽全力想救他，结果救人不成，反而使自己陷入了更深的痛苦中。

感情的无望，社会的丑恶，理想的破灭，让维特深感绝望。最后，他痛苦地告别了这个世界。

维特身上有作者歌德的影子，歌德也曾经有过维特一样的感情烦恼和对社会的困惑，但他没有以极端的方式伤害自己，而是通过文字进行宣泄，让烦恼得到排解。

其实人生不如意之事十有八九，如果我们像歌德一样，把不如意当作成长过程中的磨难来对待，多年后一定能收获一个更加美好的自己。

本书作者：张洁　推荐人：牧凝

48 《世界上最疼我的那个人去了》

你还可以在父母面前肆无忌惮，是因为父母还在

如果有一天，妈妈离世，我们会用什么方式来追念这份绵长、隽永的母爱呢？女作家张洁用了十几万字、七十多幅图片，把自己对母亲刻骨铭心的回忆写成了书，以追念自己的母亲。

《世界上最疼我的那个人去了》这本书讲述了在妈妈生命的最后岁月中，张洁和妈妈之间发生的故事。她用真实细腻的文字，不仅表达了对妈妈去世的沉重悼念，也让所有子女自省。

作者张洁是我国的文学作家，她的作品总能给人启示，很多作家都拿她的作品当教科书。《世界上最疼我的那个人去了》因满溢着感人的亲情，收获了大量读者，而根据该作品改编的同名电影，也获得

了国内外多项大奖。

📖 总以为父母还年轻，衰老变化就从不放在心上

将 80 多岁的妈妈丢给保姆，张洁便心安理得忙于工作，回家探望妈妈的时间也越来越少。长期不见，一回到家，张洁竟发现妈妈弯腰驼背，走路蹭地，食欲减弱，视力减退……

妈妈是一个不愿给别人添麻烦的人，所以特意隐瞒了自己的种种不舒服。而张洁也没有把这些反常的小事放在心上。事实上，这些不适的表现都是脑垂体瘤的病症给妈妈带来的病痛和不便。

正是由于忽略了生活中的这些变化，妈妈的病情才会加重，住进了医院，甚至差点儿造成无法挽回的局面。张洁很后悔，总是自责不已。

📖 总以为父母会一直在，来日方长，就极少给予呵护陪伴

在医院与妈妈的朝夕相处中，张洁闻到了妈妈身上难闻的味道，她决心以后要亲自给妈妈洗澡。没想到这无意中的行为，却成了让妈妈快乐的"老来福"。

多年后，张洁不禁想起妈妈收到外孙女电话时，那抑制不住的快乐；想起自己在妈妈脸上的一吻，妈妈那半合着眼的幸福表情。这些闪过脑海的温暖场景，都让张洁的内心久久不能平静。

总以为父母跟自己一样，自以为是，反而会适得其反

妈妈出院后，为了让她恢复健康，张洁逼着妈妈锻炼，完全忽视了80多岁的妈妈会有术后反应。张洁一心只想让妈妈好起来，却从未问过妈妈的真实感受。妈妈心里不知咽下了多少委屈。终于有一天，身心疲惫的妈妈走了。

多年以后，张洁仍不习惯没有妈妈的日子。一转身，再也看不到妈妈的身影；一回到家，再也不能先叫一声"妈"；一进门，再也看不到在家里等她的妈妈。

人生最大的遗憾莫过于"子欲养而亲不待"。珍惜当下，懂得感恩，用父母可以接受的方式和态度，尽量多地给予他们关爱和陪伴，这样我们的人生才不会留有遗憾。

本书作者：老舍　推荐人：火狐

49 《骆驼祥子》
小人物浮沉录

《骆驼祥子》讲述了主人公祥子对一辆人力车拥有和失去的过程。在这个过程中，他由一个努力拼搏的青年，变成一个不思进取

的人。这个故事通过小人物的浮沉反映了旧社会的黑暗。

作者老舍先生是杰出的语言大师。他是我国现代文学史上里程碑式的人物，也是新中国第一位获得"人民艺术家"称号的作家。

这本书的语言京味十足，有很多场面描写及人物对话，真实地还原了老北京的风俗人情，是老舍先生京味作品的开山之作。

拥有第一辆车，却在战乱中失去了

故事开头讲述了18岁的祥子从农村来到北京。他发现拉人力车挣钱快，如果能拥有自己的车，挣钱会更快。

于是，他卖力地拉客。他从不诓骗主顾，总是按时到达目的地。他车拉得稳，这为他赢得了很多回头客。这时的祥子，是阳光的。他认为洒下汗水，就会有收获。经过三年拼搏，他买了第一辆车。

于是他更加努力，计划着拥有第二辆车。可是战争来了，祥子被抓去做劳工，他的车也被强行掠夺了。后来，祥子带着三匹骆驼逃出军营。骆驼卖了三十五元大洋，祥子也由此得了"骆驼祥子"的绰号。

娶到虎妞，祥子再一次拥有了车

车没了，祥子来到刘四爷的车厂，租赁刘四爷的车，仍拉车为生。他手脚勤快，帮助刘四爷打扫房屋，收拾车辆。

刘四爷有个女儿叫虎妞，帮助刘四爷管理车行，她喜欢上了勤快的祥子。虎妞不顾刘四爷的反对，坚决与祥子成了亲。

刘四爷把车厂卖了，没给虎妞一分钱。而虎妞管理车厂多年，攒了三百大洋。她为祥子买了一辆车，希望祥子能用这辆车为她挣更多钱。

祥子又拥有了自己的车。

虎妞难产，祥子又一次失去了车

拥有了自己车的祥子，应该是高兴的。但是，由于虎妞的钱花光了，而享受惯了的虎妞，借着怀孕逼迫祥子更加卖力地拉车，供她好吃好喝。终日劳累，祥子的身体已经落下了病根，挣不了太多的钱，而当天挣的钱都被虎妞花掉了。

虎妞要生了，却是难产。祥子拿不出请大夫的钱，只能眼睁睁地看着虎妞难产而死。

虎妞死后，祥子把车卖了，用来葬送虎妞。此时，祥子的心态彻底改变了。他不再相信勤劳致富的说法，因为即使他卖再多的力气，生活也没有变好。他开始吃喝嫖赌，到处骗钱，从一个阳光、向上的车夫祥子，堕落为一个邋遢、无赖的祥子。

一辆车的得与失，贯穿了祥子的一生。整个故事用希望与失望的交替，告诉我们一个人最大的失望，莫过于不再拥有希望，而自暴自弃，只会让生活变得更糟。

50 《围城》

突破围城，突破自己

在成长过程中，每个人都会经历许多考验，这些考验恰如一座座"围城"。面对不同的"围城"，我们是逃离，还是面对？是随波逐流，还是勇敢担当？《围城》这本书，将带给我们很多指引与启迪。

《围城》讲述了留学回国青年方鸿渐在留学、工作、爱情等"围城"中的故事，揭示了那个年代知识分子的灰色人生。

作者是我国现代作家钱钟书，他是清华大学、牛津大学的高才生，在中英文创作方面都有极高造诣。他与夫人杨绛的爱情，被称为"世间最美好的爱情"，在学业、事业、婚姻的"围城"里，他们同甘共苦，比翼双飞，令人称美。

出国四年买了个假文凭

方鸿渐出生在江南乡绅之家。在欧洲留学四年，他学业无成，买了个哲学博士的假文凭。

在归国的游轮上，方鸿渐认识了苏小姐与鲍小姐。苏小姐喜欢方鸿渐，方鸿渐却稀里糊涂地与鲍小姐谈了场"短命"的恋爱。

回到上海，方鸿渐在银行谋得一个差事。在苏小姐家，方鸿渐偶然认识了苏小姐的追求者赵辛楣。方鸿渐一边与苏小姐继续保持交往，一边与苏小姐的表妹唐晓芙谈起了恋爱。苏小姐知晓后，与他大闹了一场。

情场失意，工作不顺，方鸿渐顿觉人生迷茫、天地惨淡。

辗转奔波，事业受挫

方鸿渐在与赵辛楣一起去三闾大学任教的途中，认识了李梅亭、顾尔谦、孙柔嘉等人。历经千辛万苦，他们来到了三闾大学，方鸿渐却只被聘为中文系副教授。

三闾大学表面风平浪静，实则暗流汹涌。校长高年松看似道貌岸然，实则老奸巨猾；其他人虽然表面光鲜，但面具之下，不务正业者有之、滥竽充数者有之、沽名钓誉者有之、贪财好色者亦有之。在钩心斗角、尔虞我诈的环境中，方鸿渐无法忍受恶劣的人际关系，被排挤出学校。他的教授梦很快破灭了。

迈进婚姻，困境重重

离开了三闾大学，逃离了职场上的"围城"，方鸿渐很快进入孙柔嘉设计的婚姻陷阱。

新婚不久，为了柴米油盐酱醋茶等鸡毛蒜皮的小事，夫妻两人三天两头地吵架。工作的压力、家庭的争吵、人情的冷淡，让方鸿渐倍感凄凉。最终，方鸿渐计划远赴重庆，孙柔嘉则离家出走。

在学业、事业、婚姻的"围城"中，方鸿渐不学无术、随波逐流，消耗着自己的青春，荒废了自己的人生。

方鸿渐的经历，也是一部分现代人的写照。生活本来就是一座"围城"，学习与娱乐、留守乡村和去城市奋斗等选择，令我们心生烦恼、处处受困。只有静下心来，面对现实，脚踏实地，敢于担当，才能赢得美好人生。

第三梯度

与名人对话

51 《傅雷家书》

情真意更切 家书抵万金

《傅雷家书》是我国著名翻译家、教育家、作家傅雷在 1954 年到 1966 年期间写给儿子傅聪的家书摘编，是父子两代人之间交流的文字实录。在家书的字里行间中，不仅饱含着傅雷对儿子的挚爱和期待，更有对儿子在修身治学、为人处世等方面的建议箴言。

作为我国著名的翻译家，傅雷一生翻译了许多重要作品，并形成了享誉译坛的傅译特色，其代表译作有《高老头》《约翰·克利斯朵夫》等。其儿子傅聪是享誉国际的钢琴大师，演艺足迹遍及全世界。

朝思暮念，舐犊情深

1954 年，20 岁的傅聪去波兰留学。傅雷既因儿子有出国深造的机会而高兴，又思念即将远行的儿子。他在家书中直言，儿子离开的第二天就想写信，没有一天不想他，每天早晨天刚亮就醒，因为思念儿子而翻来覆去睡不着。

儿行千里母担忧，傅聪在外的状况是傅雷最担心的事。因此，在最初的家书中，傅雷总是嘱咐儿子营养第一，睡眠第一，一定要保重身体。在得知儿子每天都要练琴 8 小时，即使当天要上台表演也不例外时，傅雷更是再三叮嘱儿子不能太累，休息要充分。

舐犊情深，傅雷对儿子的关切之情跃然纸上。

平等沟通，互相学习

面对长大的儿子，傅雷称儿子变成了朋友。他和傅聪的书信更像是两个朋友在谈心。

在家庭教育上，傅雷为自己过去的严厉坦诚地道歉。同时，他更是自豪地称从儿子那里学得了忍耐，学到了说话的技巧，学会了克制感情。

在情感问题上，傅雷用自己的经历告诫儿子在情感和事业的天平上应有的态度：学问第一，艺术第一，爱情第二。后来傅聪订婚，傅雷欣喜之余，还不忘叮嘱儿子最重要的择偶标准：善良的本质、温厚的天性和开阔的胸襟。

在艺术交流上，父子之间更是无所不谈。他们谈唐诗宋词，谈中国戏曲，谈莫扎特，谈肖邦。和谐的亲子关系就要有这样的精神共鸣。

事无巨细，促其成长

傅雷 20 岁的时候留学法国，这样的学习经历让他对西方文化有了足够的了解。傅雷在家书中对留学中的儿子在生活上给予了很多细致的指导。

傅雷告诉儿子，他是生活在有教育的圈子里，要特别留意自己的一举一动。比如，进屋脱掉外套，也要脱掉丝巾；吃饭时双手不能放在膝盖上；刀叉不能发出叮叮当当的响声，等等。傅雷认为傅聪如能将这些规矩变成习惯，会一生受益。

他山之石，可以攻玉。品读《傅雷家书》，可以提高我们的自身修养，促使自己成为有德有艺，心中有国家，脚下有远方的人。

本书作者：朱光潜　　推荐人：紫晴

52 《给青年的十二封信》
一份珍贵的成长礼物

青年，是祖国的未来，是民族的希望。正因为青年的重要性，才有了《给青年的十二封信》这本书。

这本书是美学大家朱光潜先生在欧洲求学时，从海外寄给青年朋友们的书信合集。这是他的成名作，也是他送给年轻朋友们的一份珍贵的成长礼物。他虽然是一位长者，但是能够站在朋友的角度给青少年提出关于读书、修身、作文等方面的建议，并用真挚的话语劝告年轻的朋友们眼光要长远，不要追随世俗，急功近利。

本书自 1929 年出版以来一直深受读者的喜爱，并成为许多青少年书架上必备的成长指南，近百年来一直滋养着一代又一代年轻人。

学会方法，轻松打通读写大关

阅读和写作就像练功夫有口诀一样，都有自己的方法。

阅读的方法是花时间和找兴趣。利用足够的时间去阅读是最基本的阅读招式，就像练功前要扎马步一样。而兴趣，是阅读最重要的心法，找到了自己的兴趣所在，阅读的功夫就会突飞猛进。

写作的方法是勤思考和多改进。如果练功夫的人每天只练同一个动作，一定成不了武林高手。只有通过不断练习，思考改进方法，我们才能一步步攀到顶峰。

事实上，不仅仅是阅读和写作，一切伟大的成就都要从最根本的方法上下功夫。

动静结合，分分钟赶走坏情绪

考试没考好，抑或输了比赛，我们会感到烦恼。要想赶走这些坏情绪，有两种方法。一种方法是释放，也就是"动"。我们可以去吃爱吃的食物，找朋友说说话，或者跑步、跳绳。另一种方法是感知，也就是"静"。我们可以沐浴在阳光下，感受大自然的一草一木。

处于成长期的我们难免会遇到挫折，产生一些小情绪，但运用好动静结合的方法，这些坏情绪都只是暂时的。我们要把眼光放长远，不要因为一时的困难就止步不前。

跟随本心，快乐享受精彩人生

人的一生不只有烦恼，还可以享受快乐和精彩。

我们可以把自己想象成台上的表演者，和世间的万物一起载歌载舞；我们也可以把自己想象成台下的观众，尽情地旁观台上表演者的装腔作势。无论是哪一种，我们都应该开开心心地享受这一切。

生活中的我们会遇到各种各样的事。无论我们处于什么样的境地，或者面临什么样的诱惑，都不要随波逐流，而是要跟随自己的本心做人和做事。

《给青年的十二封信》是我们收到的一份珍贵的成长礼物。希望你在读过这本书之后也能从中汲取无限的力量，最终走向阳光普照的梦想之路。

本书作者：舒新城　　推荐人：甜蜜果

53 《致青年书》
说给青年和子女的贴心话

《致青年书》是《辞海》首任主编舒新城，凭借自己的渊博学识和爱国情怀，为青年人写下的治学、治事、恋爱箴言。本书中的书信创作于二十世纪二三十年代，与《傅雷家书》一样，汇集了人生智慧和处事原则，是有益于青年人成长的教育书籍。

作者舒新城，是我国著名的教育家、出版家。《致青年书》是他写给青年朋友们的书信集。他在书信中说道：对于青少年，除学问外，生活、职业、事业上的问题也同样重要。他像一位长者一样，事无巨细地给出了青年们治学、治事、恋爱等方面的意见和建议。

学习：要积极主动

积极主动和消极被动是两种不同的学习态度，哪种态度会促进我们的学习呢？答案不言而喻，当然是积极主动地学习。当我们发挥主动性时，就能激发学习潜能，提升解决问题的能力。

学习先从读书开始，读书要先选书、购书，再阅读。这样，我们就进入主动学习的状态了。

要拓展知识面，我们就要多读书。不但课内教材要读，还要了解时事新闻，也要涉猎不同领域的书，比如名家散文和经典小说，以增添我们阅读的乐趣。

处处留心皆学问，如果养成主动学习的习惯，就能提升自我学习的能力。

做事：要尽职尽责

尽职尽责和敷衍了事，是两种不同的做事态度。做事要有责任心，就像舒新城先生所说：无论什么事，不干则已，要干就要负责任。

舒新城先生写文二十年，除了一些应酬类文章外，其余皆亲笔所成。他认为有责任心的人，既能把事情做好，又能得到心灵的安宁。

舒新城负责任的好习惯值得我们钦佩和学习。

恋爱：要谨慎交友

生活中，人们期待有朋自远方来。那么在恋爱交友方面，我们该如何做呢？

舒新城先生认为恋爱要志趣相投。求学的时候，青年人交友要有所选择，要以谨慎的态度避免不理智的行为，同时反省自己，也做好恋情失败的心理准备。

他也提醒年轻人，恋爱要以婚姻为目的，同时考虑是否有经济能力承担家庭重任。

舒新城先生在《致青年书》中还建议：一个人无论本领多大，都要言而有信；做事要有规划；对待金钱，要"量入为出，不奢不吝"。

透过这些书信，可以看出作者的真诚。对于青年的困惑和思考，无论是读书、做事、恋爱，还是其他提升自我的途径，他提出的建议都能给人以启发。

《致青年书》不仅是写给青年人的治学、治事、恋爱箴言，对家庭教育，对每个人的学习、工作、生活态度等，都很有启发，相信你们看后一定会收获很多。

54 《生活，是很好玩的》

有趣，是生活送给你的礼物

千万别在晚上阅读汪曾祺的书——《生活，是很好玩的》，因为读这本书会勾起人的食欲，不吃点什么，会睡不着觉。

《生活，是很好玩的》是一本让人看着看着就会流口水的书。全书分为有味、草木和春秋三辑，通过美食、植物和旧事三个部分展现了作者的生活情趣与人生态度。书名《生活，是很好玩的》源于汪曾祺说过的一句名言。

与其说汪曾祺是作家，不如说他是生活家，他一生都对生活充满热情。这种热情帮助他把每一个平淡的日子过得新鲜有趣，并活出了自己的人生境界。

有趣的生活方式需要代代传承

汪曾祺的父亲亲切随和，喜欢带着孩子玩。春天一到，他的父亲就会领一群孩子到麦田里放风筝。他们放的是自己糊的蜈蚣风筝。闷了一个冬天的孩子在田野里奔跑跳跃，身心极其畅快。

父亲还会为孩子做各种灯：用浅绿透明的"鱼鳞纸"，扎纺织娘灯；用西洋红染色，通草当花瓣，做重瓣荷花灯；将小西瓜挖去瓤、雕镂，做西瓜灯。灯里点上蜡烛，孩子拎着它穿街走巷，小伙伴们看到羡慕极了。父亲鼓捣半天，只为让孩子高兴一晚，真是对孩子宠溺至极。

父亲很会做菜，而且能别出心裁。他能把瓜鱼伪装成一盘螃蟹，以假乱真。他还会把河虾剁成米粒大小，做出别具风味的"虾松"。

父亲对孩子的爱，体现在生活的一点一滴中，孩子都看在眼里，记在心里。

📖 有趣的生活态度需要倾注热情

由于父亲喜欢做菜，汪曾祺从小便耳濡目染，以致后来他对各地的菜品都很有兴趣，还喜欢在原有菜品的基础上不断进行创新。

汪曾祺制作的干丝可谓一绝。好友朱德熙是个非常文雅矜持的人，可是在这道菜面前会完全控制不住自己，总是吃得一干二净。

对汪曾祺来说，精心准备菜肴，让全家人吃得心满意足，有花鸟鱼虫相伴的生活，完全是人生一大乐事，这样的生活值得记录。

📖 有趣的生活过程需要文字来点缀

五月中下旬，梨树、苹果树都开花了，果园美极了。

"都说梨花像雪，其实苹果花才像雪。雪是厚重的，不是透明的。梨花像什么呢？——梨花的瓣子是月亮做的。"

这样富于想象的文字，读来畅快，足以勾起读者对生活的热爱。

玩起昆虫，汪曾祺也是毫不含糊。马齿苋开花，花瓣如一小囊。汪曾祺会先捉一个哑巴知了，再摘两个马齿苋的花瓣，套住知了的眼睛。等他一撒手，知了就拼命地往高处飞，一直飞到看不见。

当我们拿起书，"听"汪先生讲生活的味道，以及生活里那些平凡的人和事，这幸福的时刻足以跨越山河岁月，温暖我们当下的日子。

这时，我们也会情不自禁地和汪先生一同感叹："生活，是很好玩的。"热爱生活、积极生活、享受生活，才是我们真正应该做的事情。

本书作者：[德] 贝蒂娜·施蒂克尔　推荐人：禅心

55 《诺贝尔奖获得者与儿童对话》
令人脑洞大开的对话

都说儿童是天生的哲学家，他们的小脑瓜里总会有稀奇古怪的想法，总会问一些天马行空的问题。有些问题看似简单，却可能涵盖数学、物理、化学等方面的知识，爸爸妈妈甚至老师们可能都不知道该如何回答。

于是，有心的德国作家贝蒂娜·施蒂克尔联系了众多诺贝尔奖获得者，把与他们交流的内容整理起来，汇编了《诺贝尔奖获得者与儿童对话》这本书。

本书共记录了 21 个问题及业界顶尖人物的解答。一个天真的问题，答案却是科学的，是不是很有趣？让我们一起来看一下吧。

好的问题

幼小的孩子对这个世界充满了好奇，他们总是爱缠着大人问这问那。好多问题从大人的角度来看，可能是很平常的事情，没必要深究，但是孩子们却很想知道答案。

比如，"为什么布丁是软的，石头是硬的？""为什么我不能光吃油炸土豆条？"

有一些是比较空泛的问题："为什么有贫穷和富裕？""为什么会有战争？"

还有一些很平常的问题："我们为什么必须上学？""天空为什么是蓝的？""为什么 1+1=2？"……

对于这些问题，诺贝尔奖获得者们将会怎样回答呢？

令人期待的答案

在这本书里，我们既可以了解物理学的基础知识，又可以了解人类博爱的意义。

比如，不同的原子组合方式使布丁是软的，石头是硬的；贫穷和富裕除了碰运气，还受收入来源的影响；孩子们必须上学，是因为学校可以帮助人们更好、更深入地了解自己，以及与他人交流，还可以学习自然、数学、体育、音乐等学科的知识。

所有的解答都是诺贝尔奖获得者站在科学的角度，以理性的方式、有趣的语言来解读孩子们那一个个看似天真，却蕴含着无穷意义的问题。

深刻的启发、深远的影响

诺贝尔奖获得者在通俗易懂地回答孩子们的问题时，进一步启发孩子们去思考。

比如，说"问题是生活的发动机"，是为了启发孩子们要永葆好奇心；说"追求客观真理和知识是人的最高和永恒的目标"，是启发孩子们要爱真理，爱智慧。诺贝尔奖获得者提醒孩子们要有"永不枯竭的求知欲"，启发孩子们要永恒地去探索新知识。

从这字里行间不难看出，这些世界杰出的人物是站在科学的角度讲解孩子们的问题，很是煞费苦心。他们像大孩子一样引领孩子们认识自我，同时放眼世界，去探秘科学，放飞理想，追求真理。

读《诺贝尔奖获得者与儿童对话》会让你有脑洞大开的感觉，激发你的求知欲，吸引你去发掘世界中的无穷秘密。说不定，你的名字也会出现在下一本书中！

56 《科学家故事100个》

走近最可爱的人

爱迪生究竟有多少发明？爱因斯坦为什么有那么大的成就？居里夫人怎么面对巨额奖金？……要想知道这些著名科学家背后的故事，就来阅读《科学家故事100个》这本书吧。

这本书用100个生动有趣的小故事，告诉我们科学家是多么坚定，持之以恒；科学家是多么勤奋，惜时如金；科学家是多么高尚，淡泊名利。正是这些优秀的品质，使他们成为芸芸众生中的佼佼者。

作者叶永烈，是我国著名科普文艺作家、报告文学作家，其代表作品有《小灵通漫游未来》《借尾巴》《十万个为什么》等。

发展兴趣，可以让我们看到未来的光

爱迪生被人们誉为"发明大王"，他的一生竟有1000多项发明，比如留声机、钨丝灯泡、电话机、蓄电池，等等。可以说，他的一生就是不断发明创造的一生。

爱迪生小时候家境贫寒，只上了3个月小学就辍学了。但他从小就喜欢读书，也喜欢做各种小实验。长大后，因为爱做实验这个兴趣爱好，他还被解雇了 3 次。但是爱迪生一点也没有灰心，依旧迷恋着科学，迷恋着实验。终于在 32 岁时，他发明了"世界之光"——电灯。

爱迪生发展自己的兴趣爱好，坚持不懈地发明创造，最终给人类生活带了巨大变化。

📖 珍惜时间，可以助我们推开成功的大门

大名鼎鼎的物理学家爱因斯坦是一位非常珍惜时间的人。他工作效率很高，一小时可以做完别人三四小时才能完成的工作。

在创立广义相对论时，他曾经在自己的书房里待过整整两个星期，利用每一分每一秒完成自己的研究。

后来，爱因斯坦对青年人说："等你们 60 岁的时候，你们就会珍惜能由自己支配的每一个钟头了！"

📖 抵制诱惑，才能让科学的光芒持续绽放

科学家在出名后，金钱、地位接踵而来，科学家们要怎么面对呢？

居里夫人一生获奖无数，曾获得两次诺贝尔奖、8 次其他科学奖、16 枚各国科学奖章，以及 25 个国家的 107 个荣誉头衔。但在盛名之下，她仍然冷静、低调，甚至公开表明态度：她不在意自己的地位和拥有的金钱，只想专心做好自己喜欢的事。

居里夫人淡泊名利，一心专注于科学事业。正是这种好品质，让她在科学研究上取得了巨大成就。

这本书就像是一本相册，它将科学家一生中的精彩片段定格下来。从中我们不仅可以了解科学家的思想、工作和生活，还可以看到他们身上的优秀品质。致敬这群可爱的人，他们身上的这种勇于探索、无私奉献、求真务实、淡泊名利的科研精神，必将激励新时代的中国青年立心立德，披荆斩棘，为实现中华民族的伟大复兴而开拓奋进。

本书作者：杨义先 钮心忻 推荐人：麦菽

57 《科学家列传 壹》
原来，你是这样的科学家

在大众印象中，科学家都是高深玄妙、不可接近的。可是，当你打开这本《科学家列传 壹》时，就会发现，科学家和你想象的不一样。

《科学家列传 壹》是北京邮电大学的杨义先教授和钮心忻教授所著的章回体科普读物。杨义先教授和钮心忻教授以清奇的视角，按时间轴线，用喜剧评书的方式，将泰勒斯、墨子、笛卡儿等四十余位科学家的人生轨迹娓娓道来。与其说这是一部科学家传记，不如说这是一本汇集了农民、穷商人、富二代和怪老头儿的科学奋斗史。

在这里，你会认识一群有趣的科学家，领略科学的"潮"与"酷"。

仰望星空，科学无处不在

泰勒斯是古希腊著名科学家，被誉为"科学始祖"。中学生所熟知的相似三角形定理，就是他在测量金字塔时发现的。此外，他还算出了太阳的直径。

泰勒斯出身于商贾世家，却酷爱科学研究。一天夜里，他仰望星空预测天气，结果一不留神便掉进深坑摔了个半死。直到被救起，他嘴里还念叨着星斗变化。人们笑他憨傻，他却说"只有站在高处的人才有掉进深坑的资格"。

这史上最"牛"的一跤，也直接影响了黑格尔和王尔德等名人的思想。

身在陇亩，思想跨越千年

中国的"科学始祖"当数墨子。墨子是农民出身，平时耕田浇地，闲时才做科研，而这也是他最厉害的地方。

战争期间，他发现井边的水缸有放大声音的作用，便命人定点设置水缸，让耳聪者伏缸细听，以此监测敌人挖地道的动向。这便是声音共振原理的雏形。

不仅如此，他还想出了用杠杆轻松抽取井水的办法。阿基米德若是提前 200 年出生，恐怕要尊墨子为师了。

一位陇亩耕夫把科学玩儿出了花样，既能上九天揽月，也可下五洋捉鳖，这都源于他对生活的观察与思考。

⋈ 高级躺平，被窝也能孕育学问

不少人认为，科学家一定都是终日埋头科研、分秒必争，其实不然。数学家笛卡儿就是一位懒觉大王。

笛卡儿从不早起，他认为，头脑只有在身体暖和时才能活跃。事实证明，他的一些数学灵感确实来源于温暖的被窝，就连伟大的解析几何问世也得益于他的梦。

一个偶然的机会，笛卡儿受邀担任瑞典女王的家庭教师，可女王有晨读的习惯，无奈之下，睡了53年懒觉的他只好早起，接受凌晨四点的寒风吹袭。不幸的是，一年后，他就因寒气入肺与世长辞了。

脱去神秘的科学外衣，科学家也是烟火人间里的平凡人。他们用最平凡的心，创造了一个个不平凡的奇迹。

科学的探索永无止境，科学的未来属于勤奋而谦虚的年轻一代。

本书作者：[美]莉丝·默里　推荐人：一玖先生

58 《风雨哈佛路》
穷且益坚，不坠青云之志

面对困境，有人萎靡不振，任由命运宰割；也有人披荆斩棘，勇往直前。《风雨哈佛路》的作者莉丝·默里就是后者。

莉丝出生于美国纽约的贫民窟，她父母都吸毒，她成长的环境充满了冷漠和伤害，可是这些困境没能阻止莉丝努力的步伐，她最终成为一名哈佛女孩，这本书讲述的就是她自己的故事。2003年4月7日，该书的同名电影《风雨哈佛路》在美国上映，该影片被认为是经典励志电影。

这是一本充满了力量和希望的书，它能让每一个读者都从中获得直面苦难的勇气；这也是一本关于觉醒和奋斗的书，它会为每一个身处困境中的人指引方向。

出生在沼泽，遍地都是黑暗

莉丝还在母亲肚子里的时候，父亲就因欺诈入狱。而她的母亲酗酒吸毒，双目几乎失明，还患有精神分裂症。莉丝的童年是在饥饿、寒冷和孤独中度过的。父亲出狱以后，全家人仅靠少量救济金生活，最可悲的是，她的父母宁可把为数不多的钱花在毒品上，也不愿为家中购买食物。

莉丝的居住环境很不好，班上的同学都嫌弃她身上的臭味和跳蚤，她总是和同学们格格不入，于是渐渐不想去上学了。

生活在沼泽，越挣扎越沦陷

莉丝13岁时，因为逃课被送进了女童收容院。在这里，莉丝见到了各种暴力和欺凌，她既害怕又无助，可始终没人来接她，仿佛全世界都将她遗弃了。

当莉丝从女童收容院中跑出来时，她的生活已经面目全非。父母离婚了，母亲患上了艾滋病，父亲去了收容站。15 岁的莉丝没有了家，她流落街头，捡垃圾，偷东西，浑浑噩噩地度过每一天。

抓住救命稻草，逃出沼泽

母亲去世的消息，如利刃一般划破了莉丝混沌的生活。

在一个偶然的机会下，莉丝重新回到了学校。她紧紧地抓住了这个来之不易的机会。她总是那个最早到校、最晚离校的人。无论是在地铁上，还是在路上，或者在打零工时，她都在学习。莉丝只用了两年就上完了四年的高中课程。

努力总是会有回报的，莉丝以优异的成绩获得了参观哈佛大学的机会。这是她第一次意识到自己不是社会的垃圾，只要努力，她也可以像普通人一样站在阳光之下。

参观结束后，莉丝开始不断努力，向哈佛前进。最终，这个无家可归的小姑娘真的实现了梦想。

《风雨哈佛路》是一条从沼泽走向光明的道路。莉丝用她那"永不言弃，努力向前"的劲头走完了这条路。面对苦难时，希望我们每个人都可以像莉丝一样，能够在困境中找到前进的方向，勇往直前。

59 《林肯传》
一位令人景仰的总统

在美国历史上有这样一位总统，他正直、善良，深受人民的爱戴和景仰。他领导了推翻美国南方奴隶制度的南北战争，颁布了《解放黑人奴隶宣言》，维护了国家的统一。他就是美国第十六任总统——林肯，也是有史以来入主白宫的最伟大的作家和演说家。

《林肯传》是戴尔·卡耐基的扛鼎之作。他曾在林肯的家乡跟当地人了解真实的林肯，并且查阅了大量资料，历时多年，写出了这本传记，书里翔实记录了林肯的家庭生活、求学之路、律师工作及总统生涯。

苦难重重的人生

林肯出生在一个贫困的伐木工人家庭，小时候常常吃不饱，穿不暖。虽然只上过一年学，但他对知识充满渴望。他热爱读书，阅读是他生活的重要组成部分。

林肯心怀远大志向，他自学考取了律师资格，并在乡村开办了一家律师事务所。尽管收入不高，可他还是经常不收取穷苦人的律师费。

在做律师期间，林肯认识了富家小姐玛丽，并与她结了婚。然而玛丽喜怒无常、爱慕虚荣，这与林肯温和谦逊的性格截然不同。20多年的婚姻生活，林肯都是在痛苦中度过的。

跌宕起伏的政治生涯

林肯的政治道路也是坎坷曲折的。他多次竞选州议员及国会议员，却连连失败。但他从不放弃，始终坚持自己的政治主张，勇敢地面对打击，迎接一切挑战。

林肯一边继续从事律师工作，一边锲而不舍地准备每一次竞选。终于，他在经历了19年的失败后，于1860年当选为美国第十六任总统。

巨人的陨落

林肯当选总统后，提出了"废奴主张"。这一主张威胁到了南方奴隶主的利益，于是南方七个州宣布独立，并向联邦军队发起攻击，美国内战爆发。

战争的前两年，北方军队由于没有得力的将领，士兵缺乏作战经验，接连遭到惨败。就在紧急关头，林肯发表了《解放黑人奴隶宣言》，宣布解放黑人奴隶，赢得了黑人奴隶的拥护。他还任命格兰特将军担任军队总指挥，北方终于取得了最后的胜利。

虽然北方胜利了，但南方的奴隶主却成立了暗杀集团，想要暗杀林肯。1865年4月14日晚10时15分，林肯与妻子在华盛顿福特剧院看戏时，不幸被一个同情南方的演员杀害，年仅56岁。

为了纪念和缅怀林肯，美国在 1 美元、10 美元、20 美元、100 美元、500 美元等票面上印刷了他的头像；将 1960 年下水的第一艘潜水艇命名为"林肯号"，1988 年下水的第一艘航母命名为"亚伯拉罕·林肯号航空母舰"；设立每年二月的第三个星期一为"总统节"，等等。

林肯生前曾说过一句话"我这个人走得慢，但从不后退"。而他的一生，也恰好完美地诠释了这句话。在成长的路上，我们走得慢甚至跌倒了都没有关系，只要不后退，总有一天会抵达目的地。

本书作者：[法]罗曼·罗兰　　推荐人：晓梅

60 《名人传》
走进英雄的世界

人的一生之中，难免会遇到痛苦与磨难。如何面对痛苦与磨难，不同的人有不同的选择。今天我们一起品读《名人传》，看看书中的三位英雄如何在苦难中铸就生命的辉煌。

《名人传》是法国作家罗曼·罗兰的代表作。他一生创作丰富，是享誉世界文坛的作家，也是诺贝尔文学奖获得者。

在书中，罗曼·罗兰把贝多芬、米开朗基罗、托尔斯泰称为"英雄"，因为他们身上有英雄的共同特点：面对苦难抗争不屈，面对艺术迸发生命激情。

贝多芬：在苦难中讴歌欢乐

贝多芬是德国著名的音乐家，也是世界音乐史上最伟大的作曲家之一。他出生于一个贫困的家庭，父亲性格粗鲁且爱酗酒，母亲是一个女仆。贝多芬的童年充满了艰辛和苦难。17岁的时候，贝多芬的母亲病逝，贝多芬不得不成为一家之主，为了生计忙碌奔波。

26岁时，贝多芬的耳中日夜作响，听觉衰退越来越严重，之后完全失去了听力。他绝望过、痛苦过，但最终扼住了命运的咽喉，将个人的惨痛经历升华为一支支乐曲。

贝多芬经历了很多痛苦，却创作了《欢乐颂》《月光奏鸣曲》等很多享誉世界的音乐作品，这些作品对后世的音乐发展有着深远影响。也因此，贝多芬被世人尊称为"乐圣"。

米开朗基罗：不屈的英雄本色

米开朗基罗是意大利伟大的绘画家和雕塑家。他从小酷爱绘画，但家人不希望他成为艺术家。为此，他常遭到父亲及其他人的白眼，甚至遭到毒打。米开朗基罗却从不放弃自己的梦想。

23岁时，米开朗基罗因完成《哀悼基督》而一举成名。可是他没有成功的喜悦，而是陷入了更多的痛苦中。一方面，为了负责家族的生活开支，他不得不疯狂地工作；另一方面，他在工作中经常遭遇竞争对手的百般刁难，陷入了很多事务纷争，弄得债台高筑，甚至被当作逃犯而被俘。

尽管如此，米开朗基罗始终把激情倾注在创作中，于是有了《创世纪》《最后的审判》等不朽作品。他的作品充满了人性的悲壮和反抗的力量，体现了不屈的英雄本色。

📖 托尔斯泰：从贵族走向平民

托尔斯泰是 19 世纪俄国伟大的思想家、作家，也是世界文学史上最杰出的作家之一。他出生在贵族之家，被姑母抚养长大。

在一次人口普查中，托尔斯泰看到俄国大地满目疮痍。现实和理想的矛盾，促使他放弃贵族生活回归农民生活。但家人不理解托尔斯泰，亲人之间经常为此争吵，相互折磨，痛苦不堪。尽管如此，他始终坚持文学创作，最终写下了《战争与和平》《复活》等经典巨著。

从《名人传》中可以看出，英雄和常人一样，也会遇到挫折和困难。唯有正视人生困境，敢于接受生活挑战，才能战胜残酷的命运。

61 《居里夫人传》

用知识与命运博弈，做自己人生的主宰

有这样一种物质，白天看上去像细盐一样，晚上却可以发出淡蓝色的美丽荧光。医院的 X 光片，就是利用它的射线拍下来的。这种物质就是居里夫人用毕生心血提取出来的化学晶体"镭"。居里夫人因为这一发明，不仅成为世界上第一位获得博士学位的女性，还成了世界上第一位两次获得诺贝尔奖的科学家。

今天我们品读的这本《居里夫人传》是居里夫人的小女儿艾芙·居里为她写的传记，书中翔实地记录了一个出生在普通家庭的女孩，通过勤奋好学、顽强奋斗，成长为一名伟大女性的不平凡的一生。

📖 专心致志，学习是她前进的动力

居里夫人出生于一个普通的教师家庭，她本名叫玛丽，是家里最小的孩子。由于幼年丧母，爸爸还要忙于工作，她的童年都是跟姐姐一起度过的。

玛丽从小聪慧过人，学习专注。一天，姐姐想逗逗正在读书的玛丽，就在她身后搭了几把椅子，只要玛丽一动，椅子就会掉下来。结

果玛丽一刻也没离开过书桌。姐姐被她好学的精神感染，此后，就跟她一起读书。

然而，中学毕业后，贫困的家庭无法再支持姐妹二人继续读书了。她们承诺彼此扶持完成学业。玛丽让姐姐先去上学，自己去打工挣钱。从此，玛丽过起了边打工边自学的生活。

心无旁骛，知识是她追求的梦想

八年后，姐姐毕业了，玛丽也靠这几年的自学考进了大学。虽然住在姐姐家，可以得到很好的照顾，但是玛丽觉得人多影响学习的效率。为了有一个安静的学习环境，她用省吃俭用的钱租了一个简陋的阁楼，从此拒绝一切的社交和娱乐，经常学习到深夜。

正是读书让她忘记了生活的艰辛，她废寝忘食地学习。仅用三年时间，玛丽就获得了物理学和数学学士学位，并获得了进研究室工作的机会。

呕心沥血，科研是她一生的挚爱

后来，玛丽和同样爱好科研的居里先生结婚，从此，大家都叫她居里夫人。经过四年的不懈努力，他们终于提炼出了氯化镭，并测定了镭元素，从而证实了镭的存在。他们也因此获得了诺贝尔物理学奖。

三年后，居里先生意外去世，居里夫人也被确诊患了肺结核。为了科研事业，居里夫人忍着悲痛和疾病，依旧工作到深夜。由于过度劳累，她常常晕倒在实验室。医生说她羸弱的身体根本不适合这么艰苦的科研工作，但是她凭着坚强的信念，经过五年的努力，终于成功提取了镭。

第一次世界大战爆发期间，居里夫人参加了战地服务，并用镭创造了 X 光车，挽救了无数战士的生命，为世界医疗事业做出了巨大贡献。

居里夫人用一生向我们诠释了什么是执着，什么是拼搏，什么是无私奉献。愿我们都能像居里夫人那样，不畏艰苦，奋发向上，勇于探索知识的高峰，做自己人生的主宰。

本书作者：[美] 本杰明·富兰克林　　推荐人：早睡

62 《富兰克林自传》
自律成就伟大，美德造就成功

他，是美国最伟大的先驱者，是拯救美国的开国元勋。他从一个白手起家的印刷工成为当时美国最杰出的人，他以自身的努力创造了一个不朽的神话，他就是本杰明·富兰克林。

本杰明·富兰克林不仅是出色的政治家，还是著名的企业家、出版家、外交家和科学家。美国人为了纪念他，把他的头像印在 100 美元的纸币上。

《富兰克林自传》其实是他写给儿子的家书。在自传中，富兰克林把自己成功的经验和失败的教训娓娓道来，讲述了自己是如何从一个贫困家庭出生的孩子，最终成为一代伟人的。

这部自传作为美国第一部现代自传，影响深远，历经两百余年而不衰。无数的年轻人把它作为人生指南，从中寻找改变命运的方法。

📖 读书改变了他的命运

富兰克林出生在一个普通家庭，家中兄弟姐妹众多。他从小就喜欢读书，存下来的零用钱都用来买书。他 8 岁入学，成绩优异。但是因为家境窘迫，两年后，他无奈退学，只能跟着父亲学习做蜡烛。后来，因为对印刷产生了兴趣，他就到哥哥的小印刷厂当了学徒。

在当学徒的这些年里，他一直没有放弃读书，把省下来的伙食费拿去买书，甚至通宵达旦地去读借来的书。他如饥似渴地从书中汲取营养，读各种类型的书，甚至尝试自学写文章。

通过阅读，他发现了更广阔的天地，储备了丰富的知识。同时，读书也开始改变他的命运。

📖 勤奋让他的事业蒸蒸日上

由于不满哥哥的严格管理，富兰克林 17 岁就离家出走，还在英国游历了两年；24 岁时，他利用在印刷厂学到的本事，开启了自己的事业。为了完美地完成订单，他天天加班加点，哪怕一点小错也不放过，就是为了保证印刷的质量。他用勤奋和努力，赢得了客户的信任，获得了源源不断的财富。

勤奋不仅帮助富兰克林创造了财富，给他带来了好名声，而且让他取得了更大的成功——从一个普通的印刷工，成为一个杰出的企业家、政治家。

美德成就了他伟大的一生

富兰克林的事业蒸蒸日上，但他并没有因此而骄傲自满，依然严格自律，他一直都坚信自律这一美德的强大作用。他还总结了十三条美德，比如勤劳、诚实、谦逊、节俭等，并把它们写在册子上。如果自己当天有过失行为，就在册子上做上标记，每天如此，直到改掉为止。

正是因为他用十三条美德严格要求自己，才成就了伟大的一生，而这些美德正是他留给我们最好的财富。

富兰克林的一生从平凡走向伟大，追随他的成长脚步，我们也会找到属于自己的人生之路。

63 《苏东坡传》

大文豪苏东坡的智慧人生

提到苏东坡，你们会想到什么？也许是"竹外桃花三两枝，春江水暖鸭先知"的诗句，也许是东坡肉、东坡肘子等美食，抑或是其他？

苏轼，世称苏东坡，北宋文学家、书法家、画家、美食家。其在诗、词、散文、书法、绘画、慈善、饮食、哲学、治水等方面都颇有建树，为"唐宋八大家"之一，是一位名副其实的全才式艺术巨匠。千百年来，他如一颗明星，始终闪耀在我国历史的天空。

你想了解这位旷古奇才、乐天派的一生吗？那就来品读一代国学大师、两次获得诺贝尔文学奖提名的林语堂先生所著的《苏东坡传》吧，跟随林语堂先生一起走进苏东坡的世界。

天赋异禀的大文豪

苏东坡天资聪颖，10岁就写出了别具一格的咏物赋——《黠鼠赋》，他的文章得到了文坛盟主欧阳修的赞赏。

苏东坡一生笔耕不辍，写下了大量的诗词、散文、杂记、小赋等文学作品，其中不乏脍炙人口的名篇佳作，如《水调歌头·明月几时有》《平王论》《答谢民师推官书》《赤壁赋》等。

一心为民的实干家

苏东坡是一个心地善良、性情耿直的人。这种个性导致他在官场上屡屡受挫，多次遭到贬谪。但无论在何种环境下，他都竭尽全力地为百姓做实事，而且政绩卓越。

苏东坡在杭州任职时，修建了西湖和苏堤，建立了医院；他在徐州任职时，恰逢洪水暴发，他搬到城墙上的棚子里住了几十天监督施工，率领众人修建 100 尺高的黄楼；在黄州任职时，他带头捐钱建立了孤儿院；被贬到惠州时，他推广农具，兴办水利；被下放到海南时，他教书育人，为当地培养出了一大批人才。

苏东坡深受百姓的爱戴，被尊称为"苏圣人"。

笑对人生的乐天派

苏东坡生性乐观豁达，即使人生跌入谷底，依旧元气满满，将生活过得多姿多彩。

公元 1079 年，苏东坡因"乌台诗案"被贬谪黄州（今湖北省黄冈市黄州区）。在黄州，他拓荒种地、盖房子、研究东坡肉等美食。而这句"也无风雨也无晴"正是他旷达人生态度的真实写照。

此后，苏东坡在官场中又历经几番起落，在颠沛流离的日子里，他对许多事物仍保持着浓厚的兴趣，学习酿酒、制香、制墨，从细节中寻找快乐。即使被下放到偏远的海南，他还是不改乐观诙谐的个性，每天带着狗找人闲谈。

公元 1101 年，苏东坡逝世，享年 64 岁。

在《苏东坡传》中，我们看到了一个豁达自如、守正不阿、放任不羁的苏东坡；在现实生活中，我们要学习苏东坡这种乐观、豁达的人生态度，保持生命的热情，勇敢地面对挫折，积极乐观地生活，将人生的每个时刻都过得充实而精彩。

本书作者：江徐　推荐人：海风

64 《李清照：酒意诗情谁与共》
追寻千古才女的清雅、豪情与哀愁

1987 年，国际天文学联合会为水星上的环形山命名时，用了 15 位中国古今名人的名字，其中一位就是有着"千古第一才女"之称的宋代婉约派女词人李清照。这足见李清照在世界上的影响力之大。

在《李清照：酒意诗情谁与共》这本书中，作者江徐用李清照的诗词和人生经历作为框架，讲述了李清照悲欢离合、喜忧参半的传奇一生。阅读这本书，我们不仅能了解李清照读过的书、走过的路，感受到她所写诗词的优美和她的思想意境、人格魅力，还能让我们的心灵得到滋润。

少年成名，婚姻美满

生于书香门第的李清照，小小年纪便文采出众。16岁时，李清照就写下"常记溪亭日暮，沉醉不知归路"的诗句，引来众人争相传诵。

李清照不仅能写清新婉约的词，也能写有须眉气节的诗。她写的《浯溪中兴颂诗和张文潜二首》，剖析了唐王朝衰败的原因，并得到士大夫阶层的赞赏。

一次元宵灯会上，李清照遇见了赵明诚，两人一见倾心，并结为夫妇。婚后不久，赵明诚出仕为官，两人常常一起饮酒品茶、作诗论词。

青少年时期的李清照体会到了人生的万千美好。

祸福相依，生离死别

赵明诚因官场倾轧被罢官后，夫妻二人返回家乡。在家乡，两人一起收藏、整理古书字画，并写成了中国最早的金石目录和研究专著之一的《金石录》，这本书奠定了我国考古学的基础。

闲来无事，夫妻俩就会玩"赌茶"游戏。然而，幸福快乐的日子并不长久。10多年后，赵明诚重新做官，并不断被调任各地。李清照只能跟随丈夫四处奔波，没想到赵明诚却在一次调任途中身患重病去世了。

此时的李清照已经人到中年，颠沛流离的生活，尤其是丈夫病逝，让她感受到人生的无常和痛苦。

国破家亡，孤苦无依

可是，命运并未怜惜李清照。战火纷飞中，李清照逃亡时携带的大部分文物被毁灭或掠夺。后来流落临安，李清照再嫁张汝州，却发现其并非良人，只是为了霸占自己身边尚存的文物，于是李清照毅然选择离婚。

人至暮年，李清照漂泊异乡、形单影只。为诉哀思，她提笔写出了千古传诵的《声声慢·寻寻觅觅》。其中的一句"寻寻觅觅，冷冷清清，凄凄惨惨戚戚"，诉尽了她晚年时期的苦闷哀愁。

公元 1155 年，72 岁的李清照走完了她的一生。

李清照一生，虽尝遍了人间的酸甜苦辣，但她始终品格高尚，保持着勇敢坚韧的真我本色。她是中华灿烂文化中绚丽的花朵，是值得我们尊重和铭记的"千古第一才女"。

65《杨绛传》

看杨绛的百年风华，读先生的智慧人生

说到"先生"一词，你是不是会想到身着长衫或者西装革履，彬彬有礼、举止高雅的男士？今天我们要认识的是一位不一样的先生，她是中国最后一位被称为"先生"的女性——杨绛。

杨绛小时候就很优秀，一直是我们父母口中"别人家的孩子"。她才华出众、知书达礼、温柔贤淑，在学术研究上取得了很高的造诣，被人们尊称为先生。现在，就让我们一起通过《杨绛传》来了解她不同寻常的故事吧。

《杨绛传》的作者是著名传记作家罗银胜，他长期从事中国当代文化名人的传记写作工作。此书是杨绛生前审阅的，所以通过阅读这本书，可以了解一个最真实的杨绛。

📖 最贤的妻

杨绛始终是钱钟书口中最贤的妻。

在女儿钱瑗刚出生，杨绛还在住院的时候，钱钟书自己照看家里。钱钟书去医院的时候，会像个孩子一样汇报自己在家做的"坏事"：

墨水把桌布弄脏了，台灯也被砸坏了，等等。杨绛听到这些就笑笑说："桌布等我回家了会洗干净的，台灯我也会修的。"

为了让钱钟书能一心一意地创作，在钱钟书写《围城》时，杨绛化身为"灶下婢"，包揽了家里一应琐事。

最才的女

出生于书香世家的杨绛，还是钱钟书口中最才的女。

1943年她的第一本剧本《称心如意》在舞台上被演绎出来，获得了满堂彩。至此，"杨绛"二字被众人所熟知。

在写剧本的同时，杨绛还开始翻译国外一些作品。她翻译的法国作家乐萨日的长篇小说《吉尔·布拉斯》一经面世便被抢购一空。

在两位至亲的人走后，90岁高龄的杨绛没有就此消沉，而是依然坚持读书写作，我们所熟悉的《我们仨》这本书就是她在92岁高龄时完成的。

淡定从容的一生

杨绛说过："我这也忍，那也忍，无非为了保持内心的自由，内心的平静"。这句话也正体现了先生的豁达与坚韧。

"文革"期间，她由受人尊崇的知识分子成为被侮辱批斗的对象，但是先生依然乐观地生活。

1972年，她作为老弱病残的一员回京后，继续翻译被耽搁了的

《堂吉诃德》。她翻译的版本被公认为最佳译本，她也因此被西班牙国王授予"智慧国王阿方索十世十字勋章"。

2016年5月25日凌晨，一代文学大师杨绛辞世。生如夏花之绚烂，死如秋叶之静美，民国的最后一个传奇女子，中国的最后一位女先生，悄然离世了。

每个人的生活都不可能一帆风顺，但只要我们保持积极乐观，保持从容优雅，就一定能成为更好的自己。

本书作者：杨绛　　推荐人：海风

66 《我们仨》
幸福家庭的模样

《我们仨》是钱钟书先生的夫人杨绛撰写的家庭生活回忆录。1997年，钱钟书与杨绛唯一的女儿钱瑗先他们二老而去，第二年，钱钟书先生也走了。四年后，92岁高龄的杨绛先生，写下了这本回忆录。

杨绛先生用心记录了他们这个三口之家在63年间共同走过的风风雨雨、点点滴滴，书中既有一家三口的甜蜜相依，也有鲜为人知的坎坷经历，无论是岁月静好还是风吹雨打，他们始终都乐观地面对生活。

《我们仨》这本书感动了无数读者。2016年这本书的销量就已超过100万册，而杨绛先生将这笔不菲的稿费收入全部捐入清华大学"好读书"奖学金，以支持和鼓励家庭经济困难的优秀学生。

有乐的书香之家温馨美好

杨绛先生一家把平凡的生活过得书香弥漫。

一家三口都酷爱读书。杨绛和钱钟书两人每天都看书，并相互推荐好书。即使在三年饥荒、粮食缺乏时，他们依旧一起读书。

女儿钱瑗耳濡目染，也爱读书。她小时候看见父母读书，就会过来一起读。钱瑗11岁时，有"江南才子"之称的爷爷考她读过的书，她对答如流。爷爷认定钱瑗是钱家的"读书种子"。钱瑗也不负众望，长大后成为大学的英语系教授。

一家人志趣高雅，其乐融融。

有趣的懂理之家活色生香

杨绛一家把平淡的日子过得盎然有趣。

钱钟书常把许多东西都放进女儿的被子里，女儿发现后一惊叫，他就哈哈大笑。钱瑗想看钱钟书写的书稿，钱钟书就藏起书稿，一个藏，一个找，两人玩得不亦乐乎。

当然，过日子总会有矛盾。一次，杨绛和钱钟书因为一个法语单词读音发生争执，两人都说了一些伤对方的话，很不愉快。事后两人拉钩约定：以后有不同意见，各自保留看法，绝不吵架。

一家人有趣、知情、懂理，这样的日子和谐甜美。

有爱的坚强之家不惧风雨

杨绛一家在困苦的日子里平静从容。

在"文革"期间，杨绛和钱钟书被批斗，受到不公正的待遇。杨绛被分配打扫女厕所，她细致地把厕所打扫干净后，就在厕所里读书、翻译。钱钟书挨批斗后，就抓紧时间写书稿。钱瑗为妈妈缝衣服，给爸爸买夹心糖。一家人相互扶持，走过艰难岁月。

女儿、丈夫相继去世后，三个人的家散了。但杨绛先生仍然坚强地生活着，她忙于整理钱钟书先生的手稿和翻译创作，逝世时享年105岁。

回顾杨绛先生的三口之家，寻常岁月，相依相守；艰难岁月，相伴相助，这样的幸福家庭是我们的榜样。

幸福的家庭需要我们共同经营，一家人相聚在一起，心往一处想，劲往一处使，这样的时光很美好，这样的家值得我们好好珍惜。

67 《史蒂夫·乔布斯传》

乔布斯留给世人最后的礼物

《史蒂夫·乔布斯传》记录了苹果公司联合创始人乔布斯的一生。乔布斯用追求完美的个性与极具激情的感染力，带领员工进行科研创新，并使个人电脑、动画电影、手机等六大产业发生了颠覆性变革。

本书作者沃尔特·艾萨克森在乔布斯生命的最后时光，对他进行了 40 多次的问访。在最后一次采访时，作者问乔布斯：你一直拒绝媒体，却为何要出这本自传？乔布斯回答："我想让我的孩子们了解我，我并不总跟他们在一起，我想让他们知道为什么，也理解我做过的事。"

乔布斯将一生奉献给了科创事业，这本《史蒂夫·乔布斯传》是他留给家人及全球读者们最后的礼物。

令人讨厌的恶作剧大王

乔布斯小时候是一个恶作剧大王。他自制了一个扬声器，将它放进父母房间，自己则躲进另一个房间用耳机偷听父母谈话。

父母对乔布斯的行为并没有感到生气，而是认为乔布斯的好奇心是上天赐予他的一种天性，他们在乔布斯身上看到了他的强烈求知欲。父母不束缚乔布斯的想象力，反而希望他在玩中学到自己感兴趣的东西。

后来，这个恶作剧大王在校三年被学校劝退了三次。老师把乔布斯的父亲请到学校，父亲没有责备儿子，反倒希望老师能看到乔布斯身上那异于常人的探索家精神。

车库里的发明家

在乔布斯眼中，父亲是一个超级英雄。家里的车库是一所"医院"，而父亲则是一位无所不能的"汽车医生"。一辆辆"生病"的旧汽车，经过父亲重新拆卸组装后，总能焕然一新。

父亲组装汽车带给了乔布斯惊喜和乐趣，这也让乔布斯对车库产生了特殊的情感。所以，儿时的乔布斯最喜欢与父亲一起待在车库里。

车库对于乔布斯而言，既是父亲的职场，也是他自己梦想开始的地方。他的第一个工作室就是在车库里成立的。

改变世界的"苹果"

1976 年，乔布斯与好朋友沃兹尼亚克在车库创立了苹果公司。乔布斯凭借对产品设计的热爱以及精益求精的工匠精神，带领团队陆续研发出了个人电脑、麦金塔电脑及苹果手机、平板电脑等科技产品。

2009 年，乔布斯被确诊患有胰腺癌。手术后，他又全身心地投入新产品 iPad 的研发中。

2011 年 10 月 5 日，这位富有远见和创造力的天才与世长辞，享年 56 岁。

乔布斯用一生为我们留下了双重的宝贵财富：乔布斯研发的科技产品是宝贵的物质财富，这些产品改变了我们的生活方式，让我们能够在科技的浪潮中尽情狂欢；乔布斯对梦想的执着是宝贵的精神财富，它激励着我们去追随本心，让我们在追梦的道路永不言弃。

本书作者：[美] 科比·布莱恩特　　推荐人：李莹

68 《曼巴精神：科比自传》

成就伟大，科比靠的是四个字：永不言弃

非洲草原上有一种毒性极强的蛇叫黑曼巴，它行动非常迅速，捕食鸟类等小动物时冷酷无情，一击致命。在美国职业篮球联赛（NBA）赛场上也有这样一个人，他经常在比赛中上演绝杀大戏，打败对手毫不留情，球迷都叫他"黑曼巴"，他就是 NBA 历史上成就最大、声望最高的运动员之———科比·布莱恩特。

科比 1996 年签约成为职业球员时还不满 18 岁，于 2016 年正式退役。在这 20 年间，他在职业生涯中硕果累累：5 个 NBA 总冠军和

2个奥运会冠军、18次入选NBA全明星赛阵容、4次荣获全明星赛最有价值球员称号等。

这本《曼巴精神：科比自传》，是科比对自己篮球人生的全面总结，他在书中详尽地介绍了自己成长的心路历程、取得成功的方法和各种技艺，旨在告诉我们：失败不可怕，只要不放弃，终会迎来成功的一刻。

心之向往就是努力的方向

科比说："从一开始，我就渴望成为最伟大的球员之一。"

科比的父亲是前NBA球员，所以科比很小的时候就接触了篮球。他喜欢将篮球拿在手中的感觉，更喜欢将篮球拍在硬木地板上"砰、砰、砰"的声音，他觉得那是"生命之声、光芒之声"。这声音引领他一直向前，从未停歇。

取得成功有方法

科比说："为了成就伟大，我并不需要额外的推动力。"

所以，科比对自己——训练、训练、再训练。科比的右手食指在2009年的一次比赛中骨折了，不再适合用力投篮。为了改用中指完成投射，在训练的那些日子里，科比每天都要投中至少1000个球才罢休。

对对手——研究、研究、再研究。反复观看比赛录像，完善各种细节，吃透每个强大的对手，这些让科比感觉其乐无穷。

对前辈——学习、学习、再学习。杰里·韦斯特、"魔术师"约翰逊等 NBA 历史上的巨无霸，甚至拳王阿里，都是科比请教和学习的对象。

✂ 技艺是制胜的关键

科比说："其他任何人对我的期望再怎么高，也高不过我对自己的期望。"

科比几乎是一个全能型的球员。他经常研究各种比赛的录像和照片，通过对比，不断强化自己的低位防守、强起跳投等技艺，同时他也特别注意训练自己的步法、身体强度，他甚至把左手练得和右手一样灵活，因此科比经常能出奇制胜。

在赛场上，他是球队的灵魂，时刻注意提升团队的竞争力级别。在赛场下，他是好的分享者，如果有人求教，他一定倾囊相授。

2020 年 1 月 26 日，科比在直升机事故中不幸遇难，一代巨星陨落，全世界的球迷悲痛欲绝。

科比虽然离开了我们，但他的曼巴精神、永不言弃的故事，会一直陪伴并激励着我们勇往直前。

69 《撒哈拉的故事》

另一种人生体验

有这样一个女孩，在该上学的年纪，她辍学，还曾出现自闭、叛逆的状况。但最终，她通过阅读和写作重塑了自尊和自信，并逐渐成长为一名优秀作家。她，就是三毛。

三毛原名陈懋平，是一位深受年轻人喜欢的台湾作家，她的足迹遍及世界各地，平生著作、译作都十分丰富。只因在一本杂志上看到撒哈拉沙漠的照片，她便搬到了那里生活，并在那里与恋人荷西结了婚。

《撒哈拉的故事》写的便是三毛夫妇在撒哈拉沙漠中生活的所见所闻以及与当地朋友相处的故事。

艰苦环境中的生活乐趣

三毛带着向往来到撒哈拉沙漠，然而她发现，这里的生活并不像她想象中那么浪漫。尽管有些失望，但她依然把生活过得充满了诗意。

刚租下的房子简陋不堪，她便与荷西一起粉刷墙壁，做家具，将别人不要的垃圾变废为宝，自己做装饰品、风灯、坐垫等等。房子焕然一新，成了沙漠里最耀眼的一道风景，还常常会有人慕名来参观。

她与丈夫荷西曾周末去捉鱼，并将朋友们叫来一起吃，引得朋友们兴致大发，连续好几周他们一起去海边露营，吃烤肉，谈天说地。

有趣的灵魂无论在哪里，都能把日子过得热气腾腾。

不可思议的异域风情

邻居姑卡只有 10 岁，按照沙漠习俗，她已经可以嫁人了。父亲一手包办，将她嫁给了一个她根本不认识的人。迎亲时，姑卡的未婚夫同一群男人粗暴地往外拖她，姑卡害怕地哭叫起来。新娘得不到应有的尊重，这引起了三毛的强烈反感，三毛同情姑卡，却也无能为力。

三毛去澡堂，发现当地女人好几年才洗一次澡。在海边，三毛又发现她们像灌肠一样清洗自己的身体。

一些我们觉得匪夷所思的事情，却真真切切地在世界某个地方存在着。大千世界，真可谓无奇不有。

曲折离奇的人物命运

在当地，三毛结识了一些新的朋友，也目睹了他们的不幸。

哑奴虽然是一名奴隶，但他也是有完整家庭的。当哑奴被主人卖掉时，他发了疯似地跑回家，可结果还是被捉住带走了，从此再也无法和家人相见。

　　游击队首领巴西里不幸被自己人杀害。他的妻子沙伊达遭人诬陷，说她出卖巴西里，沙伊达因此受尽了凌辱。巴西里的弟弟想要救沙伊达，结果两人双双被人用枪打死。

　　生命本没有高低贵贱之分，但落后与战乱却成了很多人不幸的根源。

　　《撒哈拉的故事》就是由十几篇这样精彩的故事组成的，读这些故事不仅可以满足我们对沙漠的所有想象，还可以让我们收获另一种人生体验。

本书作者：[美]梅耶·马斯克　　推荐人：余闲

70 《人生由我》
硬核母亲的传奇人生

　　她是"硅谷钢铁侠"埃隆·马斯克的母亲，企业家，营养师，演说家，知名时尚偶像，72 岁仍活跃在舞台上的模特和网络红人，她的形象在美国时代广场独占 4 个广告牌……看到这，你一定以为这位硬核母亲天生就是命运的宠儿，一路走来顺水顺风。其实不然，这个女人 15 岁登台，22 岁结婚，历经 9 年的家庭暴力，31 岁成为 3 个孩子的单亲母亲，经济上一度入不敷出。

一个离异破产的女人，是怎样实现自己人生的逆袭，还独自培养出 3 个出色的子女？

在自传《人生由我》中，梅耶·马斯克给出了答案。在书中，她真诚地分享了关于美丽、家庭、职场、教育和健康等人生经历和建议。阅读本书，你可以借助榜样的力量，鼓舞自己继续前行，勇敢地去追求自己想要的人生。

不一样的家庭教育

梅耶的父母都是特立独行、很有远见的人，他们经常开着一架小飞机到世界各地探险旅行。有一次，他们突然想去澳洲玩，于是靠着一个指南针导航，就从南非飞到了澳大利亚。

梅耶几兄妹很小就跟着父母自驾旅行，他们开车横穿大沙漠，骑马穿过崎岖的山区。一路上孩子们负责生火、扎帐篷这些力所能及的事，慢慢培养出了独立自主的能力。

梅耶也把这种独立精神传递给了孩子们。大儿子埃隆 12 岁自学电脑编程；二儿子金博尔 12 岁学着做饭；小女儿托斯卡自己选择高中和大学。长大后，他们都在各自的领域取得了成功。

辗转于各地的工作经历

梅耶离婚后，家里没什么积蓄，她只能一边工作，一边带 3 个孩子。在这种艰难的情况下，她还考取了两个营养学硕士学位，后来更是成了职业模特。

梅耶 41 岁时，她们全家搬到了加拿大的多伦多。这是一个完全陌生的城市，身边没有熟悉的朋友，工作也要重新开始。于是她写信请人介绍客户，参加活动提高知名度。慢慢地，她在多伦多站稳了脚跟，还成了营养师咨询协会的主席。

虽说万事开头难，但是只要努力坚持，没有什么困难是克服不了的。

积极向上的人生态度

生活上，梅耶保持着健康的饮食习惯，每天都坚持锻炼身体。这些好习惯让她每天精力充沛，做事干净利落。

虽然已经七十多岁了，但是梅耶从不担心衰老，她说："我生命的每一个十年都比上一个十年更好。"她珍惜自己拥有的一切，努力工作，享受社交，积极面对生活。

从一个落魄的单亲妈妈，到七十多岁的时尚模特，这四十几年的风风雨雨，梅耶都昂首走过。生活有苦有甜，没人知道未来会发生什么，但只要我们积极面对，踏踏实实地过好生命中的每一天，每个人都能活出自己的精彩！

71 《我与地坛》

那些打不败你的，终将使你强大

如果不幸失去双腿，你会如何面对之后的生活？《我与地坛》就讲述了这样一个失去双腿的残障人士，如何接受不幸，与命运同行，将自己的生活过得精彩的故事。

这本书讲了主人公自双腿瘫痪后，经常去地坛静心思索，最终走出迷茫，并由此踏上了希望之路。同时，主人公在回望过去的人和事时，也有了更深刻的理解，心灵得到了成长。

作者史铁生就是这位主人公。他在 40 年的轮椅生涯中，写出了数百万字的作品，获得了多个奖项。这本书以他的亲身经历为基础，写出了他对人生和命运的感悟。该书自出版以来，连续七年以每年近 30 万册的销量持续畅销。

缘起——赶走心灵的迷雾

21 岁那年，作者双腿瘫痪，从此坐上了轮椅。刚开始时，他难以接受命运的不公，又由于找不到工作和出路，情绪一度低落到极点，甚至想去死。

一天，他无意中进入地坛，地坛独特的气息吸引了他，在接下来的岁月中，他成了地坛的常客。母亲常常因为担心，偷偷地来地坛看他。

在地坛，史铁生想了很多事，也见过很多人。他终于明白了生命的意义在于创造生命过程的美好与精彩，于是，他从心灵的迷雾中走了出来，并且找到了适合自己的希望之路——写作。

感悟——从容看待人生百态

在地坛，作者学会了用写作来探寻生活的真相。那些曾让他感到困惑的人和事，在写作的过程中逐渐清晰起来。

史铁生的姥爷是一位抗日英雄，还为当地的教育事业做出了贡献，但在"文革"期间遭遇不幸。

他的大舅为逃婚而离家出走，他的舅母为此流干了眼泪。但最终在四十年后，白发驼背的大舅又回到了舅母的身边，而此时舅母却得了老年痴呆症。

曾经的邻居珊珊有一个不喜欢她的继母，只要珊珊做得有一点儿不好，继母就会打她。珊珊也想逃离，但又无处可去。

当再次回忆这些往事时，史铁生才发现，生活的真相就是充满了苦难。

想念——带来无穷的创作灵感

史铁生喜欢安静的地坛。当遇到恐惧和困惑时，他会抛弃世俗的眼光和枷锁，在地坛进行深度的思考，这也正是写作的源泉。

刚开始学习写作时，他经常在地坛偷偷地写。慢慢地，作品纷纷得到发表，并多次获奖，也被翻拍成电视剧。他还经常参加一些作家聚会、笔会。在写作这条路上，史铁生充满了激情，也变得更加热爱生命。

地坛成为景点后，史铁生很少再去，但当年的地坛却永远存于心中，只要想起，内心便无比丰盈。

本书作者：[澳大利亚]力克·胡哲   推荐人：菱湖君子

72 《人生不设限》
永不放弃，做自己生命中的明星

力克·胡哲天生没有四肢，但他用顽强的毅力开启了不一样的人生。他不仅能生活自理，还能从事一些体育运动，并通过努力成为澳大利亚的励志演讲家，还被提名为 2005 年"澳大利亚年度青年"。

作为一个有严重残障的人，力克是如何获得成功的呢？他在《人生不设限》中详细讲述了自己的故事。他以自身独特的人生经历，告诉我们要接纳自己，找到自己的人生目标，并努力活出生命的价值和意义。

下面我们就来品读《人生不设限》这本书，看看什么是永不放弃的精神，以及如何做自己生命中的明星。

笑对缺陷，他走过生命至暗时刻

虽然力克天生不幸，但是他的父母从未放弃对他的爱和教育。从小，父母就坚持教他练习站立、读书和写字。

在父母的争取下，力克在 8 岁时顺利地进入常规学校读书。但他异于常人的身体，总是会引来同学的嘲笑和侮辱。他难过之极，曾三次尝试自杀，但他想到家人会难过，于是就放弃了。

父亲知道后告诉力克，没有手脚不是他的错，只要不放弃自己，他就会有不一样的未来。就这样，在家人的呵护和教育下，力克渐渐走出了阴影。他开始接受自己的身体缺陷，并以乐观的态度和全新的视角来看待这个世界。

克服万难，他活出了精彩人生

力克接纳自身缺陷以后，开始乐观面对一切困难，并努力将一切不可能变成可能。

在家人的帮助下，凭着"跌倒七次，要爬起来八次"的狠劲，力克不仅能自己刷牙、洗澡、穿衣、上厕所，还学会了踢球、游泳、打鼓、冲浪，而且能自如地使用电脑和手机。他的自信和乐观也渐渐赢得了同学的尊重，后来，他还当选为学生会主席。

2003 年大学毕业时，力克获得了双学士学位。自 2008 年起，力克开始担任国际公益组织"没有四肢的生命"的 CEO。后来，他娶妻生子，有了 4 个健康的儿女。

力克克服万难，活出了精彩人生。

勤学苦练，他立志做正能量传播者

力克身残志坚，他立志要用自己特殊的人生经历去激励别人。

高中时，力克受到美国激励大师瑞基•达伯斯精彩演讲的影响，也想通过演讲，用自己的故事去激励成千上万的人们，帮助他们获得面对困难的勇气。于是他在家看书、看光碟，学习、模仿名人演讲。他一遍遍练习，直到自己满意为止。做好准备后，他开始不停地打电话争取演讲机会。在被拒绝了 52 次之后，他终于获得了一次演讲机会。此后，他开始了自己的演讲生涯。

力克撑着残疾的身体，到世界各地演讲，用自己的故事给人以积极面对痛苦的力量。最终，他成为受人欢迎的励志演说家。

力克的事迹告诉我们，不管生活给予我们怎样的遭遇，我们都应该调整好自己的心态，平静地接受生活中的苦难，并努力寻求突破。只要不放弃努力，我们都可以成为自己生命中的明星。

73 《人类群星闪耀时》

伟大其实离我们不远

　　《人类群星闪耀时》是奥地利作家斯蒂芬·茨威格的传记名作之一。这本书描写了斯科特、拿破仑、亨德尔等 14 个改变人类命运的天才的故事，展现了南极探险的斗争、滑铁卢的一分钟、亨德尔的复活等影响历史进程的特定瞬间，将遥远的历史、遥远的伟人，栩栩如生地呈现在我们面前。

　　茨威格有着惊人的创作天赋，在诗歌、小说、戏剧、文论、传记等领域都颇有建树，且以传记和小说方面的成就最为显著。他的代表作有《一个陌生女人的来信》《象棋的故事》等。

　　在本书中，茨威格采用了完全不同于传统历史教科书的写法，他既不写重大历史事件的全貌，也不写伟人的生平，而是抓住传记人物闪耀光芒的时刻，加以聚焦、放大，让历史的转折极富戏剧性和梦幻感。这种精妙绝伦的构思，充分突显出历史长河与精彩瞬间的巨大反差，加之磅礴诗性的语言，把每个故事都写得跌宕起伏，扣人心弦。该书百年来畅销不衰。

虽败犹荣的第二名英雄

对于发现来说，第二名毫无意义。因为历史和人类只记得第一名。

1912 年 1 月 16 日，英国斯科特南极探险队历经暴风雪、饥饿和冻伤的折磨，终于到达南极点。但他们比第一名的挪威探险队晚到了一个月，而且大部分探险队员牺牲在了返程的路上。

然而排名仅仅是一个符号，创造奇迹本身就很伟大。斯科特为祖国追求荣光，为人类征服自然的探索精神配得上英雄的称号。

跨越大洋的第一次通话

美国实业家塞勒斯·韦斯特·菲尔德，一个对电一窍不通的商人，耗费一生的精力和财力，默默背负骗子的骂名，不屈不挠，屡败屡战，终于在 1866 年成功铺设了第一条跨海电缆，实现了美洲与欧洲之间的第一次通话。

失败之所以显得伟大，正是因为它往往昭示着成功的到来。菲尔德实现跨海通讯的瞬间证实了人类的无限可能。

不屈的灵魂成就千古绝唱

1741 年 8 月 21 日，江郎才尽、落魄潦倒、中风后瘫痪的亨德尔突然在一首诗中找到灵感，创作出不朽的清唱剧《弥赛亚》。

比伟大还要卓越的事，是以非凡的意志，将无法实现之事付诸行动。不屈的亨德尔奇迹般地实现了精神复活。

一个人的生死，一个民族的存亡，甚至整个人类的命运，可能取决于一个瞬间。但茨威格也告诉我们，那些历史的尖峰时刻都需要太长的酝酿时间，每一桩影响深远的事件都需要一个发展的过程。天才人物灵光乍现的时刻，都离不开之前执着的信念、顽强的斗志和长期的积累。

激励普通人在平凡的日子里，通过净化自身、积累自我，让自己的心灵高尚起来，在伟大的事业中寻求不朽，才是茨威格写作的初心和苦心。

一个人最大的幸福，莫过于在富有创造力的年纪，发现此生的使命，并为之奋斗终身。

本书作者：[美] 维克多·弗兰克尔　　推荐人：金小鱼

74 《活出生命的意义》

超越苦难，活出精彩人生

如果你正在经历人生的痛苦和磨难，如学业受挫、家庭变故、身患疾病等，或是为找不到人生的目标而迷茫沮丧，那么这本《活出生命的意义》一定可以帮到你。

本书作者维克多·弗兰克尔，是奥地利著名心理学家、医学博士，维也纳医科大学神经与精神病学教授。他拥有哈佛大学、斯坦福大学等大学的教授职位，并在加利福尼亚大学圣迭戈分校教授意义疗法。其创立的"意义疗法"及"存在主义分析"被称为继弗洛伊德的心理分析、阿德勒的个体心理学之后的维也纳第三心理治疗学派。

《活出生命的意义》讲述的是第二次世界大战期间，弗兰克尔在奥斯维辛集中营开创意义疗法的经历。该书感动和鼓舞了千百万人，获选为"美国最有影响力的十大图书"之一。

在集中营的经历

第二次世界大战期间，作为犹太人，弗兰克尔全家都被关进了奥斯维辛集中营。饥饿、疾病、侮辱、拷打、绝望、死亡充斥着他的每一天，"毒气室"和"焚烧炉"是这里大部分人的归宿。

弗兰克尔第一次赤条条地站在集中营里时，就知道除了自己的生命，他过往所拥有的一切——荣誉、金钱、地位、家庭都已不复存在。

集中营里也有不同的命运选择

大多数囚犯在经历了对死亡的恐惧之后，慢慢变得麻木不仁、无动于衷。面对临死的囚犯，一些人只关心他们的鞋子是不是比自己的好些，他们身上还有什么可用的东西。但还有另一些人会走过一个个屋子去安慰别人，把自己最后一块面包给别人。

集中营能夺走一切，但夺不走每个人选择的态度和行为的自由。

弗兰克尔观察到，囚犯们这种不同的选择，决定了他们不同的命运。能够克服冷漠，直面困难的人，是因为他们找到了活着的意义，所以有勇气和毅力抵抗这些恐惧和磨难。

弗兰克尔也找到了他生命的意义——有深爱的妻子，还有未完成的著作，这些支撑他最终奇迹般地从集中营走了出来。

开创意义疗法

战争结束时，弗兰克尔的父母、妻子、哥哥死于毒气室中，只有他和妹妹幸存了下来。为了帮助战后需要进行精神治疗的人们，弗兰克尔结合自身经历开创了意义疗法。

意义疗法关注未来，告诉人们要对自己负责，接受生活给予的一切，寻找自己的目标、价值和意义。其方式有三种：工作（做有意义的事）、爱与给予，以及拥有克服困难的勇气。

从编号为 119104 的待处决囚犯，到改变无数人命运的心理学家，弗兰克尔传奇的一生，就是意义疗法最好的证明。

弗兰克尔 67 岁仍学习驾驶飞机，80 岁还登上了阿尔卑斯山，是不是很让人钦佩和羡慕呢？

尼采说，知道为什么而活的人，便能生存。希望每个人都能找到自己生命中独特的意义，活出精彩的人生。

75 《心：稻盛和夫的一生嘱托》

培育美好心根，成就幸福人生

稻盛和夫被世人称为"经营之圣"，他创办的日本京都陶瓷株式会社（现名京瓷公司）、参与成立的 KDDI 公司都已进入"世界 500 强"。在 78 岁时，他又临危受命出任日本航空公司（以下简称"日航"）会长，仅用一年时间就让破产重建的日航扭亏为盈，创造了日航史上的最高利润。

审视近 90 年的人生跨度，复盘半个世纪的经营经验，稻盛和夫想把自己构筑人生基石的智慧分享给世人，于是这本《心：稻盛和夫的一生嘱托》诞生了。在书中，稻盛和夫用自己的亲身经历证明，人生中的一切事物都可以由我们的内心塑造，同时，内心的想法可以影响和改变我们周围的环境。

利他之心

稻盛和夫小时候，放学回家后常和同学一起玩耍。母亲总是为他们这群顽皮的孩子蒸好一锅红薯，看到热气腾腾的美味红薯，稻盛和夫总是忍住自己先拿的冲动，而是先把红薯分给小伙伴们，再把剩下的留给自己。

他领导的京瓷公司后来能迅速成长，也是建立在"追求全体员工的幸福"这一坚实的利他基础之上。

不管事情的大小，稻盛和夫都可以做出利他的行为。在利他的行为中萌生的利他心，会像花儿一样绽放。

📖 坚韧之心

人生难免遭遇挫折，但挫折就是在磨炼我们的心性。

稻盛和夫一生遭遇过许多挫折：小学考初中两次失败；高中毕业后，没能考上自己理想的大学；大学毕业后，经老师介绍才进入京瓷公司，可是公司当时的经济状况非常不好，同时入职的伙伴一个个离职，最后只剩下他一个人无处可去。

在挫折面前，稻盛和夫没有退缩，他改变心态，全身心地投入研发工作中，成功合成了一种新型的精密陶瓷材料，使公司的产品质量大幅度提高，最终使濒临破产的公司起死回生。

稻盛和夫取得这样的成绩，与他改变了思维方式，改变了自己的心态有着密切关系。

📖 感恩之心

京瓷股票成功上市，稻盛和夫获得了出乎意料的巨大财富，这让他颇感困惑。他开始认识到，这些财富绝不是他个人的私有物，他要把自己获得的财富回馈给社会。于是，他利用这些财富创设了京都奖，这是用于表彰对人类科学和文明发展做出突出贡献的国际奖项，有"日本诺贝尔奖"之称。

同时，稻盛和夫还把自己的经验回馈给社会，创办了"盛和塾"，不断地向年轻的经营者们讲述、传授他的经验和思想。

人生的一切都是内心的投射，稻盛和夫净化心灵的方法，不仅能够帮助我们更好地经营事业，有助于事业的成功，还是我们幸福人生的指南。如果你想获得自己想要的幸福，就好好品读这本书吧，让自己尽情汲取稻盛和夫的成功力量，培育美好心根，积极实践，成就自己的幸福人生。

第四梯度

认知改变人生

76 《图说中国节》

别说你懂中国节日

　　小朋友们一定听过"班门弄斧"这句成语吧？但是，你知道中国有个节日叫作"鲁班节"吗？这个节日都有哪些好玩有趣的习俗呢？来看看《图说中国节》这本书吧，书中会给你答案。

　　《图说中国节》是一本带你了解中国各种节日的书。节日文化是中华民族文化的重要组成部分，作为中华民族的一分子，我们怎能不了解自家的文化习俗呢？值得一提的是，书中还有许多精美有趣的插画，一个个中国节日跃然纸上，小朋友们一定会非常喜欢。

　　下面，我们就跟随作者大乔的笔触，一起来品味中国的节日习俗吧。

节日里的好吃的

　　"大年三十吃饺子，正月十五吃元宵，五月初五吃粽子，八月十五吃月饼……"小朋友们，你有没有觉得生在中国是很幸福的事情呀？我们有那么多的节日，在不同的节日还有那么多特别的美食。

　　《图说中国节》里的"节"不仅指节日，还包括节气。一些重要的节气也有标配的美食，比如立春食春菜，腊八食佛粥，等等。

　　以上都是大家耳熟能详的一些节日或节气。在书中，还有许多你听都没听过的节日呢。所以小朋友们一定要读一读这本书，看看到底还有多少节日里的美食是我们不知道的。

节日里的好玩的

"过大年放鞭炮，元宵拆谜逛花灯，端午采蒿赛龙舟……"小朋友们，节日里的这些好玩的，你最喜欢哪一项呢？相信大部分人都会喜欢除夕夜的"鞭炮大餐"。

据说，鞭炮自发明至今已有 2000 多年的历史了。在发明火药和纸张之前，古代人就会用火烧竹子的方法，使之爆裂发声，来驱逐瘟神。虽然这只是一个民间传说，却也反映了古时候的中国人渴求安泰的美好愿望。

近年来，出于环保、安全等考虑，一种电子鞭炮悄然走俏年货市场，其在声音和闪光度等方面与传统鞭炮十分相似。

节日里的好听的

关于中国节日习俗的故事有很多，如"隆师重教"。如果说冬至与尊师重教有关系，相信很多人都会一脸茫然。原来啊，在传统的乡土社会，人们很少有时间关注教师。可是冬至正是粮食入仓、宰猪、酿酒的时节，于是，人们就选定这个时候来表达对老师的尊重和敬意。

有趣的是，每个地方的表达方式也不一样。例如，有些地方的学生会准备几块豆腐献给老师，因此冬至也俗称"豆腐节"；有的地方在冬至则有拜圣贤、请老师等习俗。

时光荏苒，一个个中国节日在周而复始地循环更替着。小朋友们，让我们一起阅读这本书，品味节日习俗，在一个个节日中，带着对未来美好的愿景，幸福快乐地成长吧！

本书作者：[瑞典]林西莉　　推荐人：牧凝

77 《汉字王国》
了解中华文明，从了解汉字开始

汉字为什么是方方正正的？很多人都说不出个所以然来。一位外国人说，中国人对汉字过于熟悉，反而不再对汉字进行研究和思考了。于是，这位外国人决定自己研究。她用了8年时间将研究成果变成了一本书——《汉字王国》。这是一本外国人想学汉字时就会买的书。

书中通过讲故事的方式，配以图片，讲述了中国文字的起源和特点。读者不仅可以从中了解200多个基本汉字的来龙去脉，还可以透过汉字看到古代人们的生活方式和风俗习惯。

本书作者是瑞典著名汉学家、作家、中国问题专家林西莉。她曾留学北京大学，在山东、陕西拥有自己的研究试点。她在瑞典教汉语的同时，还录制了关于中国语言的电视节目，并且出版了有关中国的书，对推广汉语起到了重要的作用。

汉字极具研究价值：文字的出现标志着文明的出现

对文字的研究实际是对文明的研究。作者用一个买药的故事引出了甲骨文。在商代，有些人用甲骨文进行占卜，所以最早的造字方法可能就起源于占卜或神话。

随后，考古学家发现了一系列带有符号的青铜器。这些出土文物对我们研究历史、文字、文化都有非常重要的作用。当在不同地方，人们挖掘出有同一图案的陶片时，基本可以断定：这些图案就是文字，并且已经被传播使用了。

汉字具有趣味性：一个汉字就是一幅图画

看过作者用构字法对每个字的讲解后，同学们一定会恍然大悟。比如，"旦"字就是太阳从地平线上升起；"象"字就是低头站着的大象伸长鼻子，等等。这应该就是最早的简笔画了。一个人想告诉别人大象长什么样子，就画了一幅画；一个人想告诉别人自己想表达的意思，就有了符号，形成了文字。

书中用图文并茂的形式，让识字的过程散发出知识性、启发性和趣味性。

汉字富有魅力，需要传承和发扬

汉字是各国文字中唯一没有间断、一直使用至今的文字，这一点本身就是世界文明史上的一大奇迹。

突破了古今几千年的时间限制，汉字是能够最完整地记载与传承中华文化的标志。从古时的一些习俗、爱好中，都能找到汉字的痕迹。比如，同学们平时写字会用铅笔或钢笔，但一提到书写美观，我们就会想到流传至今的毛笔。一些学校还会专门举办毛笔字比赛，鼓励毛笔字的传承。

一个汉字就是一部文化史，越了解汉字，越会觉得传承汉字的意义重大。如今的汉字已经不仅仅在中国有深远影响，而且对朝鲜、韩国、日本等他国文化也有巨大而深远的影响。

我们从小就置身于美妙的汉字世界里，这是一件很幸福的事。既然一个外国人都能对汉字研究得这么透彻，我们中华青少年更需要用心发现汉字的美和价值，并传承和发扬下去。

本书作者：[美]维吉尔·莫里斯·希利尔　**推荐人：**梧桐

78 《希利尔讲世界地理》
地平线以外的美妙世界

小朋友们，你想知道地球是怎么形成的吗？地球真的是圆球吗？地平线以外有什么吗？那就来读《希利尔讲世界地理》吧，书中会给你答案。

《希利尔讲世界地理》是一本好玩、有趣的地理读物，它就像一本环游世界指南，读完它，就好像环绕地球旅行了一圈。在书中，希利尔带着我们，从北美洲到南美洲，从欧洲到亚洲，从非洲到大洋洲，让我们领略世界各地不同的风土人情，了解时代全貌，认识历史全景。

本书作者希利尔，是美国杰出的教育家。他深感传统教科书的枯燥乏味，立志为孩子们编写读起来让人兴趣盎然的地理读物，于是这本《希利尔讲世界地理》就诞生了。

地球的形成

几十亿年前，地球曾经是个大火球，后来火球慢慢冷却下来，开始不停地下雨，雨水在低洼处聚集起来，形成了海洋。地球还在继续冷却、收缩，变得皱皱巴巴，这些褶皱就变成了陆地和高山。

地球并不很圆，像个又扁又胖的鸡蛋。如果我们能把地球切成两半，就会看到，地球是一层一层的。最表面的一层是岩石，岩石之间储藏着各种矿藏，而中心部分则是滚烫的岩浆。

地球像个大村庄

如果我们把地球比作一个大村庄，那么世界上的每个国家都是地球村的一个家庭。

地球村一共有220多个家庭，有的家庭人多些，有的家庭人少些。中国的家庭成员最多，逾14亿！（啊，"14"这个数字后面的"0"

就需要写很久。）

就像每个家庭都有家长一样，每个国家也都有领导者。这个领导者和他的助手们组成政府，共同管理国家。

开始环球之旅

地平线以外的世界到底是什么样的呢？让我们跟着希利尔先生去旅行吧。

首先来到北美洲。北美洲是一个以航海家的名字命名的大洲。美国是北美洲的主要国家。美国最显著的标志是站在大西洋岸边手持火炬的自由女神像。

接着来到南美洲。南美洲的形状像一个胡萝卜，那里有山区负重小能手——可爱的羊驼。

如果把欧洲地图翻转过来，看起来就像一个老奶奶，她的头是西班牙，帽子是葡萄牙，衣领下面是法国，长腿是意大利。

我们生活在亚洲，意为"太阳升起的地方"。亚洲是面积最大、人口最多的大洲。

孤零零地待在大海之中的是大洋洲，那里生活着袋鼠和原始的鸭嘴兽。

非洲被称为"阳光灼热的大地"，那里是天然动物园，生活着狮子和长颈鹿等野生动物。

而地球最南端的南极洲终年被冰雪覆盖，是世界上最冷的地方。

环绕地球一圈后，我们会发现世界如此不同，却又如此美妙。

《希利尔讲世界地理》为孩子们提供了一种认识世界的便捷方式，孩子们透过文字，可以感知世界的广袤与神奇，还可以用自己的双眼、双手和大脑来探索这个美妙的世界。

本书作者：[美] 维吉尔·莫里斯·希利尔　推荐人：青鱼

79 《希利尔讲世界史》

回望历史的阶梯，寻找时光的碎片

　　小朋友们，你们想了解在这个世界之前就已经存在的世界吗？想知道除了你们眼前的世界之外，其他地方发生的好玩的事吗？让我们一起乘坐《希利尔讲世界史》这部"时光机"，在浩瀚的历史世界里畅游一番吧！

　　作者希利尔用编年体的形式，把历史教材写成了一本生动有趣的故事书，让模糊的历史事件变得清晰生动起来。

　　历史好比时间的阶梯，我们现在就站在阶梯的最高点，俯瞰下面的阶梯，倾听那些发生在遥远年代的故事。

万物的开端

　　很久很久以前，世界上只有星星，太阳是众多星星中的一颗。那时的太阳像个巨大的火球，不断喷射出耀眼的火花，其中一个飞射出的火花慢慢冷却下来，变成了地球。之后，地球上出现了海洋和陆地。又经过漫长的时间，陆地上开始生长植物，出现了昆虫、鱼、爬行动物和哺乳动物。

最后，我们的祖先——人类出现了。他们住在洞穴里，喝温热的兽血，就像我们爱喝热牛奶一样。他们没有语言，只能用"咕噜咕噜"的声音进行沟通；没有衣服，就用树叶和兽皮来遮体、御寒。

这些人类被称为原始人，他们每天要做的事情就是寻找食物、玩耍和打仗。当然，原始人的孩子都不用上学。你想在这样的时代生活吗？

爱打仗的古人

古人就像一群淘气顽劣的孩子，会为了各种各样的理由开战。

为了探险，西方人拿着从中国带来的指南针和火药，来到美洲和非洲。在那里，他们和当地土著人开始了长达几百年的争夺土地之战。

因为野心，有很多帝王都希望能称霸世界，比如罗马的凯撒和法国的拿破仑，他们希望统治更广大的领土，所以就不停地征战。

由于战争，人们不停地四处迁徙。在这个过程中，他们不断学习其他国家的风俗、语言和艺术。他们就像在流动的学校中传播知识，促进了文明的交流和创造。但与此同时，也有无数人在战争中失去了家人和生命。

我们应该怎样看待历史上的战争呢？

奇迹的诞生

人类最大的优点是对世界充满好奇。

中国人造出了象形文字，腓尼基人发明了字母表，印度人创造了阿拉伯数字。这些几千年前古人创造的东西，直到今天，我们还在使用，有没有感觉很亲切呢？

修建于公元前 2500 年左右的埃及金字塔就像放大版的积木，但它是由石块堆积而成的。每个石块都如同一间教室那么大，你能想象古埃及人是怎么用人力拖动那些大石块，并安装上去的吗？

在这个世界上，每个人每一分钟都在经历历史，或者创造奇迹；还有很多人可能身不由己地卷入历史的洪流，不见踪影。

读《希利尔讲世界史》，借希利尔的一双慧眼，换个角度看历史，看世界，你会看到不一样的风景。

本书作者：[美] 维吉尔·莫里斯·希利尔　推荐人：早睡

80 《希利尔讲艺术史》
走进奇妙的艺术世界

小朋友们，你们无聊的时候，是否也会随手在本子上涂涂画画？

或者用橡皮泥捏一个搞怪的小人儿呢？你知道吗？你做的这些事，可都是在创造艺术作品呢！想知道艺术是怎么被创造出来的吗？让我们一起乘坐《希利尔讲艺术史》这趟列车，到奇妙的艺术世界里畅游一番吧！

作者希利尔把枯燥的艺术知识化为一个个生动有趣的小故事，为我们讲述了奇妙的绘画、雕塑和建筑作品，带我们去发现生活中的艺术美。

想知道艺术世界到底有多奇妙吗？我们一起来看一看吧！

奇妙的绘画

说到绘画，你一定听说过达·芬奇的名字，他最有名的画作《蒙娜丽莎》至今都让人惊叹不已。而《蒙娜丽莎》之所以备受赞誉，原因就在于画中人物那神秘的微笑，因为不管从哪个角度看过去，蒙娜丽莎一直都在微笑。

除了达·芬奇，或许你还听说过梵高的名字。梵高的作品非常夸张，颜色鲜艳，形成了独特的风格。他的一生非常坎坷，好不容易走上了绘画之路，却因得了精神疾病被送进医院。

其实，有趣的绘画作品还有很多，天才的画家也不胜枚举，他们正等待着你去发现呢。

奇妙的雕塑

每当下雪的时候，我们都爱堆雪人，用玻璃珠来做眼睛，用胡萝卜来做鼻子，一个可爱的雪人就这样出现了。你知道吗？其实堆雪人也是完成雕塑作品，我们也能创造艺术品呢！

在雕塑家的手里，万物皆可雕。他们在石头上雕，雕成了世界上著名的雕像——斯芬克斯雕像，也就是狮身人面像。如果你没有见过它，你可以想象一下，狮子的身体，人的脑袋，多么神奇啊！

雕塑的种类还有很多很多。不信，你仔细观察，硬币上的浮雕、门框上的花纹……你瞧，生活中处处都是奇妙的雕塑呢！

奇妙的建筑

前面我们认识的世界上著名的雕塑——狮身人面像，你知道它来自哪里吗？对了，是埃及。埃及除了有著名的雕塑，还拥有世界上著名的建筑——金字塔。

其实，金字塔并不是给活人住的，而是一座大型的陵墓。古埃及人相信自己死后会复活，于是埃及国王在生前就花大量精力去建造自己的陵墓，以便自己死后还能在里面居住。

说完了金字塔，我们再来说说世界上另一个著名的建筑——希腊的帕特农神庙。这座神庙已经有两千多年的历史了，尽管如今帕特农神庙的大部分已经损毁，但依然吸引了世界各地的人们前来观赏。

你看，艺术的世界是不是很奇妙？其实，艺术源于生活，只要细心观察，保持热情，我们也能创造艺术、创造美！

81 《万物简史》
爽心悦目的科学之旅

　　小朋友们，你知道宇宙是怎么诞生的吗？生命是由什么组成的？科学家们又是如何探索世界的？来读《万物简史》吧，它能带你沿着时光隧道，开启一段爽心悦目的科学之旅。

　　这本书的作者是比尔·布莱森，他是一位享誉世界的美国旅游文学作家。这本书是他用4年时间，游历了五大洲的十一个国家，阅读了大量书籍，并向许多世界级研究机构的专家请教后写成的。

　　《万物简史》是一部人类科学发展史上具有里程碑意义的科普名著，作者以超常的智慧、幽默风趣的笔法，结合有关现代科学的发现，以故事的形式勾勒出自然的演化史和人们认识宇宙、探索万物的科学历程。

大爆炸诞生的宇宙

　　这个世界是怎么来的？你的脑海里是不是常常闪过这个问题？下面我们就试着来复原一下宇宙诞生的场景吧。

　　很久之前的一天，构成宇宙的物质非常巧地在太空中碰面了，它们调皮地挤在了一个"宇宙蛋"里，你挤我，我挤你，一不小心就引发了一场大爆炸。爆炸产生了无数的碎片，它们汇聚成了宇宙。

碎片继续相互碰撞，使宇宙的直径越来越大，爆炸产生的大量气体和碎片在太空中集合，先后形成了太阳、地球、月亮，还有对产生生命最重要的大气层。之后呢，生命就要登场了。

原子组成的生命奇迹

我们能够出现在这个世界上，是因为几万亿个原子聚集在一起，创造了生命奇迹。

世界万物都是由原子组成的，原子就像我们小时候常玩的积木，不同的组合能够搭建出各种各样的物质。

原子为什么看不见呢？因为它太小了，一根头发丝的直径就能容纳 100 万个原子。

原子们协调地聚集在一起，构成地球上的生命。而同样的原子，在其他地方却不肯这样做！能够生活在出现生命的地球上，我们是不是很幸运？

接管地球的人类开始了全面探索

在地球上，虽然人类存在的时间不长，但凭借智慧的大脑，人类开始了全面的探索。

17 世纪，英国天文学家埃德蒙·哈雷与朋友关于行星运动轨道的问题打了个赌，求胜心切的他找到艾萨克·牛顿寻求帮助。牛顿在计算论证后给出了正确答案，这就是科学史上最伟大的原理——万有引力定律。根据牛顿的这个定律，科学家们以前观察到的很多现象都找到了答案：为什么行星的运动轨道是椭圆形的；为什么我们脚下的地球以每小时几百公里的速度旋转，我们却没被甩进太空，等等。

像这样妙趣横生的故事在《万物简史》中还有很多。现在就打开《万物简史》，让我们跟着比尔·布莱森来一次爽心悦目的科学之旅吧！

本书作者：韩启德　推荐人：火狐

82 《十万个为什么》
打开知识的大门，探寻万事万物的秘密

小朋友，为什么手指比脚趾灵活？为什么大多数树干是圆形的？为什么说猫有"九条命"？打开《十万个为什么》，就能从书中找到答案。

《十万个为什么》是由中国科学技术协会韩启德院士任总编，21位两院院士担任分册主编，110余位两院院士组成编委会，专门为小学、初中学生编撰的一套"百科"式的回答各种问题的书，被誉为"共

和国明天的一块科学基石"，是中国科普图书中最响亮的品牌之一。

从手指脚掌，探寻人体的密码

人身上有很多密码，也有很多神奇的现象。比如，手比脚灵活，而脚比手稳固。

这是因为脚以踝关节为轴心，弯曲伸展的活动角度只有 65°；而且脚趾头短，不能触及脚掌，活动范围窄，但是脚掌可以稳固地抓住地面。

手以腕关节为轴心，活动角度可以达到 150°，活动范围广；而且手指头细长，手掌可以呈扇子形状，手指端灵活有力。

所以，手指是灵活的，而脚掌是稳固的。这是由它们本身的结构特点决定的。而后天通过加强体育运动和锻炼，可以增强手指的灵活性和脚趾的稳固性。

从树干果实，找寻植物的秘密

大多数的树干是圆柱形的。

在周长相同的情况下，圆形是所有形状中面积最大的一种形状。而树干是给树枝和绿叶输送水分和养分的，这种圆柱形的树干，能大大提高输送效率，所以在漫长的发展过程中，这种圆柱形的树干就以绝对优势留存发展了下来。

小朋友们都知道，果实里面都会有种子，有人说，果实是种子的保护神，为什么这么说呢？

因为果实的一端都会有一个果柄，当果实还在树上的时候，这个果柄就像一个输送营养的管子，把树干的营养输送到果实内部供给种子，让种子发育成长。就像婴儿在妈妈的肚子里，通过脐带把营养输送给婴儿一样。

从小猫小狗，寻觅动物的秘密

都说猫有"九条命"，不是说猫真的能起死回生，而是说小猫具有很厉害的活命绝招，且不会轻易受伤。

比如，小猫特别能跑，还会翻墙爬树；小猫还有软着陆的能力，即便从很高的地方摔下来，也不会受伤，因为它的运动神经和平衡能力很强；小猫的战斗力也很强，它的尖牙利齿能斗败很多小动物。

小狗也是很多小朋友喜欢的。小狗很聪明，能灵敏地领悟到人类的意图，然后根据指示去行动。狗不只是宠物，还是人类的好帮手。比如，导盲犬能给视力残疾的人领路，缉毒犬能帮助警察查缉，搜救犬能在野外或地震等灾区进行搜索与救援。

《十万个为什么》这本书中还有很多有趣的知识和奥秘，通过阅读这本书，可以帮助我们打开知识的大门，探寻万事万物的奥秘。

83 《思考世界的孩子》

思考，世界因此而美妙

儿时的我们，总是对世界充满了好奇，我们不知道天有多高，地有多大；我们不明白生从何来，死往何去；甚至，我们连自己是谁都搞不清楚。我们总是想知道的太多，所知道的又太少。

然而，面对这一连串的问题，大人也常常哑口无言。《思考世界的孩子》这本书，就能为我们答疑解惑。

《思考世界的孩子》分为"想个不停"和"问个不停"两卷。它以趣味漫画的形式，呈现了59个儿童世界的奇思妙想，配图活泼可爱，文字温暖治愈。该书自出版以来广受好评。

这是一本"好奇宝宝"的答案之书，更是一本人人都需要的哲学宝典，不管是大人还是孩子，都能在阅读中得到价值观、人生观和世界观的升华。

保持好奇心，世界之门任你开启

"好和坏是什么？"

"我们为什么要上学？"

"什么是死亡？"

……

一连串问题的背后，隐藏着孩子对世界的好奇与探索。

其实，每个人都是天生的探索家，好奇心则是天赐的珍宝。凭借好奇心，牛顿在苹果树下思考出了万有引力；瓦特受水壶的启发，发明了蒸汽机；地质学家李四光从怪异的石头中，发现了第四纪冰川的遗迹。

伟大的发现都离不开好奇心，只有保持好奇心，世界之门才会为我们开启。

善于思考，世界之路由你创造

"好奇宝宝"都爱思考，但没有方向的思考总是收效甚微。这时，需要一位思想引导者，而这本书恰好就是。

"这个不许做，那个也不许做，这些规则到底是谁规定的？"面对这个问题，作者用生动的图画，引导我们思考："如果有人在公共场合大声播放你不喜欢的音乐，你会怎么想？"

有了这个情境，我们便能很快体会到规则的重要性。

看啊，明确了方向，小小的思考也能掀起涟漪。

善于思考，也许我们就是下一个哲学家。

勤于提问，世界之巅等你攀登

提问不仅是思考世界的方式，更是独立思考的开始。就拿书中的

"美与丑"这个问题来说，看似简单，背后却蕴藏着不少人生哲理。例如，有人认为，法国的埃菲尔铁塔很美，但在某些人眼中，它就是一堆废铁；有人觉得金字塔漂亮极了，可依然有人会说，那不过是沙漠里的一堆石头。

其实，美的标准各不相同，正如书中所言，外表美并不是美的全部，善良的人很美，自信勇敢的人也很美。美，可以由我们自己来定义。

《思考世界的孩子》中的每个问题都没有固定答案，取而代之的是多种观点的相互碰撞。只有在多次提问中，我们的思维才会无限延展。

从发问质疑到获得答案，从关注世界到认识自我，思考世界的孩子，终会登上那座属于自己的世界之巅。

本书作者：吴军　推荐人：麦菽

84 《文明之光（第一册）》

你我的双手指尖可以弹跳出文明的世界

从人类起源，到近代大航海，《文明之光》以人文和科技、经济结合的视角，用故事的形式，分八大专题将宏大的"世界文明地图"

展现在我们眼前，为我们揭示世界文明的发展历程。阅读这本书，我们会从历史的纵深了解人类文明，为我们认识当下和描绘未来的世界带来全新的人生思考。

作者为吴军博士，他是计算机科学家、丰元资本创始合伙人、著名投资人，也是《浪潮之巅》《数学之美》《计算之魂》等畅销书的作者。《文明之光》是吴军博士的跨界之作，为了撰写此书，他游历世界各地，遍访文明遗迹，并到各大博物馆参观了大量的文物。该书荣获"第六界中华优秀出版物奖""2014中国好书""2017年向全国青少年推荐百种优秀出版物"。

古老的智慧孕育文明

古埃及是世界文明的发源地之一，人类历史上第一个君主陵墓——金字塔，就出现在这里。

最大的胡夫金字塔有四五十层楼那么高，面积有五六个足球场那样大，整座金字塔由230万块巨石堆砌而成。这里处处体现着对几何学和力学知识的运用，其中勾股定理的使用，比毕达哥拉斯的论证要早2000年。

而这样的奇迹竟诞生于4600年前，正是古埃及人民的智慧孕育了文明的希望。

人类的创造改变世界

在人类文明的发展历程中，中国瓷器曾让全世界为之疯狂。

这些瓷器不仅远销中东和欧洲，还一度成为风靡世界的奢侈品。爪哇人因过度迷恋瓷器，竟把瓷器碾成粉末当作名贵药材使用；西班牙皇室更是不惜代价，从中国买回瓷器，装饰他们的宫殿。

明代的青花瓷上还印有"大明宣德年制"的印记，这是世界上最早的商标。

瓷器文明不仅影响了世界，也让世界认识了中国制造。

偶然的发现开启新时代

大航海时代的到来其实是由香料引起的。

中世纪，欧洲人餐桌上的佐料，除了盐就是柠檬汁。直到罗马人将东方的胡椒、桂皮等香料带入欧洲，人们的饮食文化才得以改变。

起初，香料贵如黄金，商人们甚至用胡椒来购买土地。为了改变供不应求的市场状况，哥伦布开始了史上最远的航行。而这次航行不仅使西方意外发现了新大陆，还证实了"地球是圆的"这一猜想。

文明总是在不断发展。比如通信，经过了飞鸽传书、烽火驿站和电报电话、传呼机、大哥大等一步步的演变，才有了我们如今随处可见的智能手机。

现今，丰富多彩的世界和舒适、快捷的生活，都要归功于历史上无数个文明的积累；而任何文明都不是突然出现的，它需要经过一代又一代人的传承和创造，才能不断进步。

人类是万物之灵长，是传承创造各种文明的主体，只有经过人们的大脑和双手，才能建设更加文明的世界。

本书作者：吴军　推荐人：1900

85 《大学之路——陪女儿在美国选大学》

选择合适的大学，培养终身学习力

　　这是关于大学教育的书。作者吴军博士是中华优秀出版物、"中国好书"、文津图书奖得主，他以自己陪女儿走访的几十所英美大学为蓝本，同时结合自己的工作、求学经历，对中外高校的教育理念、教育方法，以及办学理念、招生特点等做了细致研究，从而写就了这本《大学之路——陪女儿在美国选大学》。

　　早在该书出版之前，吴军博士就已出版了多本著作，如《浪潮之巅》《文明之光》等。而本书更是突破了作者以往的研究领域，他将对中美教育理念的深刻思考，融入孩子的升学、选学校等现实问题中。本书不仅可以带你深入了解美国高校的文化，开阔眼界，而且有助于家长、教育工作者帮助孩子选择合适的大学，对青少年的自我发展也有一定的参考和借鉴意义。

重新认识"大学"

　　从古希腊的智者毕达哥拉斯，以及同时代的中国先哲孔子开始，"大学教育"其实由来已久。只不过当时的智者们，都是以一种非功利的理念向后人授业解惑。

之后，无论是西方的柏拉图、亚历山大大帝，还是中国的汉武帝，由于人们对知识、人才和"老师"的渴望，于是迫切地沿着两位智者的脚步，将心目中对"大学"的构想，由蓝图逐步转变为现实。

在这一点上，东西方的大学教育起步都不算晚。在后来的发展过程中，两者之间的差异才逐渐显现。

两种教育理念，成就世界一流大学

随着历史的发展，中西方的教育理念也逐渐表现出不同的风格特征。作者通过大量的研究对比发现，那些可以在世界上称为"一流大学"的高校，其教育理念不外乎两类。一类是由约翰·纽曼提出的，注重培养学生的学习自觉性，要求学生互相学习、共同进步的"纽曼式教育理念"；另一类是由威廉·冯·洪堡提出的，以实践为基础，教学与研究同步进行的"洪堡体系"。

"纽曼式教育理念"以"通才教育"为主，"洪堡体系"以"专才教育"为主，二者各有优劣，互为补充，这两种教育理念逐渐成为英美高校的办学理念。

学习，是一辈子的事

出于对这种开放式教学理念的追捧，很多人想尽办法要进入世界名校，并且认为只要能被这些学校录取，就是取得了成功。作者则认为"人生是一场马拉松，学习是一辈子的事。"进入一所好大学，也只是终身教育的开始。

所以，无论选择哪所学校，都应该保持一种持续学习的状态。在与同学的交流中，共同进步，不负韶华。

诚如作者所言，"大学是年轻人的家，是他们度过人生最好时光的地方。"学习的道路，任重而道远，让我们一起努力吧！

本书作者：墨子沙龙　推荐人：墨子沙龙

86 《奇妙量子世界：人人都能看懂的量子科学漫画》
想了解量子科学吗？请读这本漫画

一百多年前，普朗克、爱因斯坦、薛定谔、海森堡、狄拉克等人的工作催生了量子力学的诞生。激光、半导体、集成电路的出现都与量子理论紧密相关，它们深刻地改变了人们的生活。20世纪后半叶，量子物理的概念又渗入信息科学，开启了量子信息学，如今量子计算、量子通信、量子精密测量等新兴量子技术方兴未艾。

随着量子技术的迅速发展，以及其初步展现出的强大能力，量子力学这一"艰深"的科学领域不仅是物理学的热门研究方向，也成了广大公众渴求了解、热衷讨论的话题。

量子科学在实验室中，在上千页甚至数千页的专业教材中，在浩瀚的科技文献中，在前沿的科技仪器中……量子科学还能在哪里呢？它还存在于幽默生动、妙趣横生的漫画中！

这就是我必须要向你们推荐的《奇妙量子世界：人人都能看懂的量子科学漫画》。它是一本关于量子信息的科普漫画图书，书中详细介绍了潘建伟院士领导的中国科学技术大学量子信息科研团队近几年所取得的科研进展。十余篇刊发在《自然》《科学》等国际权威学术期刊上的科研成果竟然被画成了漫画！量子纠缠、量子计算、量子通信、量子密码、量子模拟等让人"心向往之"又"敬而远之"的概念一下子变得鲜活起来。

让光子、原子、分子"活"起来

微观世界很奇妙，光子、原子、分子的行为与我们日常生活所见物体的行为迥异。它们的"生命演化"遵从大名鼎鼎的薛定谔方程，要了解量子力学之美难道必须要明白这个偏微分方程吗？这本书给你指出了一条捷径。量子科学领域的顶尖科学家、著名科普平台"墨子沙龙"以及Sheldon科学漫画工作室合作，把深奥的概念嚼碎消化，然后再向你娓娓道来！一个个卡通形象"性格"鲜明，很好地把微观粒子的特性给展示出来。量子力学不再通过数学来显示它的瑰丽，而是直接让你看到其风姿！

📖 既欢快，又硬核

漫画嘛，最重要的是开心！所以，这本书充满了欢乐，这是一定的。但是，该书强大的创作团队当然不会满足于这样一个小小的要求。不仅要欢快，还要硬核！

大家热衷于畅聊量子科技，并不一定意味着量子科学知识、科学素养的真正普及。有人喜好的是"玄之又玄"的空谈，有人聆听的是科学家的逸事八卦，有人渴望了解知识，却似懂非懂……如何让普通人也能真正地理解量子的奥秘呢，哪怕只是蜻蜓点水地了解一点儿？这本书尝试着去做，而且做得还挺不错：将严谨的科学与生动的漫画结合，在如何向公众普及前沿科学上进行了尝试，诙谐且不失学术品格。

本书作者：[美] 西奥多·格雷　　推荐人：玛修摸不着头脑

87 《视觉之旅：神奇的化学元素》

不一样的元素，不一样的化学，不一样的世界

《视觉之旅：神奇的化学元素》是一本经得住时间检验的书，是一本值得阅读的书。如果你打开了这本书，就意味着你成为全世界数

百万读者中的一员。2011 年这本书的中文版一经推出便引起了国内读者和媒体的普遍关注，两年内荣获十多个图书奖项。有人评论说，如果你阅读了这本书，将会从根本上改变你对化学的认知。

这本书的作者西奥多·格雷是一位科学怪人，也是一位数学家，参与开发了著名的数学软件 Mathematica，然而他沉浸在化学的世界里不能自拔，不知疲倦地收集着各种化学元素样品，做着看似疯狂的化学实验。这一切只为满足他自己关于化学的好奇心。后来，他把这些写成了一系列图书，本书便是其中之一。

元素是组成大千世界的积木

科学家们说，世界上总共有 2000 多万种物质，它们都是由化学元素构成的。同学们可能不太理解这句话的意思。其实，大到日月星辰，小到花鸟鱼虫，甚至包括我们的身体，都是由这些元素组成的。从化学的角度看，你和我没有区别，我们和其他动物没有区别，动物和植物以及岩石也没有本质的区别。因为这一切都是由不同的元素构成的。元素就像乐高积木一样，它们可以用来搭建不同的"模型"。同学们经常会问："生活中使用的和看到的"东西"是从哪里来的？"其实，它们都来自化学元素。

世界上有多少种化学元素

其实，正确回答这个问题并不是一蹴而就的，因为在历史上，元素的发现是一个重大科学进步。人们现在已知的元素一共有 118 种，但它们并不是同时被发现的，而是逐步被发现的，就在几年前科学家才给最后几种元素命名。在这 118 种元素里，自然界中天然存在的元素有 94 种，那么剩下的 24 种元素来自哪里呢？对了，它们是由科学家在实验室里创造出来的，而创造它们需要昂贵的特殊实验装置和高超的实验技术。

元素是如何命名的

元素的名字看起来千奇百怪，有很多是生僻字。不过，从汉字的偏旁看，大概能看出一些门道。比如，名字中带"气"的元素是气体元素，如氢、氧、氮等；带"金"字旁的多为金属元素，如铁、铝、铜、锌，当然还包括金；还有一些带"石"字旁的，它们多为非金属固体元素，如碳、硼、磷、硅等。很多元素的命名是为了纪念发现这种元素的科学家，或是历史上做出重大贡献的科学家，抑或是这种元素的发现地等。当然，也有用西方神话故事中的人物来命名的。

一个个元素就像一个个可爱的小精灵，它们将为你打开一扇神奇的大门，带你遨游精彩的物质世界。

88 《实验室的魔法手册》

左手画龙，右手画彩虹

每个少年的心中都藏着一个秘密，那就是成为无所不能的魔法师。你是不是梦想自己能像孙悟空一样会七十二般变化？是不是期待自己能像哈利·波特一样骑着神奇的扫帚飞行？打开《实验室的魔法手册》，这本书将帮你实现这些愿望。

有些同学已经知道世界上的万事万物都是由化学元素构成的，那么你知道它们是如何构成的吗？对了，那就是化学反应。简单地说，两种或者多种不同的物质可以通过化学反应变成其他物质。当然，这种变化是需要一定条件的，这就是这本书中的"魔法"所要研究的内容。

作者杨帆是一个化学爱好者。他的网名叫"真·凤舞九天"，曾任百度"化学吧"第 25 任吧主，被评为"北京 2013 年度科学达人"。他取得了高考化学满分的傲人成绩，擅长研究和拍摄各种趣味化学实验。

色彩

这是一个多彩的世界，我们每天都会看到大量的颜色。自人类伊始，我们从自然界中找寻艳丽颜色的脚步就从未停止过。今天，我们又多了一项本领，那就是自己创造颜色。我们可以用不同的物质配制出彩虹溶液，比如高锰酸钾溶液呈亮丽的紫色，铬酸钾溶液呈柠檬黄色，硫酸铜溶液呈美丽的蓝色。各种宝石之所以闪烁着迷人的色彩，也是因为它们含有不同的元素。说点儿简单的，我们用厨房里常见的紫甘蓝、红酒、白醋等就能变化出多种颜色。

光亮

人们向往光明，也在探索让光明永驻的方法。你有什么好办法？有人可能会说靠太阳。那么晚上怎么办？捉一只萤火虫。这个主意确实不错，但有没有更好的办法？如果我告诉你可以把自然界里的光"储存"起来，你相信吗？这时候就要用到夜光漆了，目前市场上有成品出售。有的小朋友还玩过荧光棒，在夜晚荧光棒能发出缤纷的色彩。其实，荧光棒中有两种不同的物质，我们用手摇动荧光棒时，这两种物质会接触，从而发生化学反应并发光。

燃烧

燃烧是我们最熟悉的一类化学反应现象。人类自从学会利用火，便开始走向光明。我们首先学会了燃烧木柴，然后制造出了蜡烛，接着开始使用石油和天然气。那么，金属也能够燃烧吗？在酒精灯的火焰上抖落不同的金属粉末，会看到酒精灯发出不同颜色的光，这称为焰色反应。还可以取一块钢丝绒，然后用电池将它点燃，你会看到钢丝绒剧烈地燃烧起来，并发出明亮的光芒。

化学充满了无限魅力，每个实验都像会变魔法一样会给我们带来惊喜。但有的实验是有危险的，为了保障实验人员的安全和身心健康，对于危险性实验，一定要在专业的实验室中，在专业人员的指导下进行。

本书作者：[挪威] 乔斯坦·贾德　推荐人：梧桐

89 《苏菲的世界》
一场神秘的哲学旅行

著名物理学家杨振宁教授说过"科学的极致是哲学"。探索哲学问题的过程，就像侦探破案一样。如果你想成为探索者，可以读读《苏菲的世界》。这是一本西方哲学启蒙书，它能为你打开西方的思想与智慧的大门。

这本书被评为20世纪百部经典名著之一，作者是挪威的乔斯坦·贾德，他凭借这本书成为世界级作家。该书讲的是14岁女孩苏菲收到了神秘的来信，信中有人给她讲授哲学课。然而，魔幻的是，她发现自己竟然是别人文章里的人物。

苏菲收到神秘来信

一天，苏菲放学回家，在信箱里发现两封写给自己的信。信中写着"你是谁""世界从何而来"，这两个问题让她百思不得其解。

从这天起，她每天都会收到一封信，那是神秘导师寄给她的哲学课讲义。

在讲义中，导师从古希腊的哲学萌芽，讲到古希腊雅典的哲学大师苏格拉底；从中世纪讲到文艺复兴；从个人主义讲到共产主义；从自然主义讲到存在主义。这些哲学课，给苏菲的思想带来了巨大的转变，让她不断地提问与思考。

苏菲哲学课上的先贤们

古希腊的人们用神话来解释自然现象，因此产生了西方的哲学萌芽，后来又演变出各种西方哲学流派。

历史的车轮滚滚向前，苏格拉底登场了。他总是通过谈话把自己的思想传达给别人。他在与人谈话时，总是做出一副一无所知的样子，不停地提出各种问题。在讨论过程中，他会引导对手发现自己理论上的弱点，到最后，对手不得不接受他的思想。

苏格拉底死后，弟子柏拉图继承了他的衣钵，柏拉图又培养出了杰出的亚里士多德。苏格拉底、柏拉图、亚里士多德这三位哲学家被称为古希腊三贤。

苏菲的觉醒，席德的思考

哲学课还在继续，同时"席德"这个名字不断地出现在苏菲的生活中。而后，席德本人出现了，她收到了父亲为她15岁生日写的一本书——《苏菲的世界》。原来，苏菲只是虚构出来的人物。

书中的苏菲从"我是谁"开始，学会去思考人生的重大主题，比如生与死、善与恶、幸福与痛苦等。终于，在导师的帮助下，苏菲的自我意识觉醒了，她认识到，生命的意义要由自己来创造。而读书的席德，也从苏菲的故事中，学会了思考人生的意义。

那么，我们也来思考一下，哲学到底能给我们带来什么？哲学能让我们拥有广阔的视野，丰富我们的精神世界，还能让我们勇敢地面对不幸，给予我们笑对人生的智慧。

本书作者：[美]肖恩·柯维   推荐人：苗苗

90《杰出青少年的七个习惯》
好习惯带你走上成功之路

《杰出青少年的七个习惯》是一本关于习惯养成的指导手册。读完这本书，我们会发现：原来，好习惯是可以通过制订计划来培养的。

这本书被翻译成16种语言，畅销全球120多个国家和地区。同时，还被很多学校引进课堂，深受孩子们的喜爱。

这本书的作者是美国著名作家肖恩·柯维。他是杨百翰大学的英语学士、哈佛大学的企业管理硕士，也是备受年轻人欢迎的演讲家。很多青少年通过他的指引，根据这本书中的方法和步骤制订日常行为计划，最终养成了良好的习惯，并获得了成功。

造就个人成功的好习惯——积极应对

小亮的班里来了一位新老师，可是他不喜欢这位老师。他回家跟妈妈抱怨：这个老师真差劲，上课板着脸，讲的课也没意思，跟着这位老师根本学不到知识。

像小亮这样，把自己不认真学习的责任完全推给老师，这种错误的思维习惯将直接阻碍个人的成长。

那么，怎么做才能避免这种错误的习惯呢？答案是积极应对。比如，小亮可以给自己定一个目标分数，先抛开对新老师的成见，端正学习态度，再通过认真听讲，一点一点提高成绩。只要我们给自己定一个目标，跟着目标做重要的事，距离成功就会越来越近。

取得社交成功的好习惯——协作双赢

在我们身边，有的同学喜欢交朋友，而有的同学则喜欢独来独往。然而，一个杰出的青少年，不仅能取得个人的成功，也能和身边的人相处得非常好。

比如，你和一位朋友都擅长打篮球，还参加同一场比赛。你们如果为了表现自己，都不愿把球传给对方，不仅可能输掉比赛，还可能失去友谊。你们如果密切配合，彼此就能更好地发挥技能，这就是合作能达到的效果。

双赢的思维能帮助我们避免"以自我为中心"的问题，从而更好地理解他人，学会协作，取得社交成功。

从容应对生活的好习惯——提升自我

俗话说"磨刀不误砍柴工"，如果我们在做事之前有所准备，就能达到事半功倍的效果。就拿写作文来说，有的同学习惯很好，会提前列出大纲，理清思路，做好准备之后再下笔。这样，写作文的时候就如行云流水，思路清晰，从而大大节省了时间。

当然，通过在学校学习来获得知识，只是提升自我的途径之一。此外，还可以通过读书、参加课外活动、拓展业余爱好等来丰富自己的生活，调节自己的状态。

好习惯能让我们告别平庸，从而拥有像杰出青少年那样耀眼的光彩。如果你渴望成功，却不知如何养成好习惯，那就跟随本书，从制订一个计划开始吧！

91 《影响力》

了解影响力，掌控自己的人生

为什么好朋友推荐的书，我们一般都会想买来看？为什么看到同学在玩有趣的游戏，我们也想参与其中？为什么我们会对老师和家长的话"言听计从"？为什么我们明明不喜欢某个人，却对他提出的要求无法拒绝？……

这些问题在《影响力》这本书中，都可以找到答案。

《影响力》这本书，就是为了帮助我们弄清自己为什么会受到他人的影响，而他人又是如何影响到我们的思想和言行的，以及我们如何才能提升自己的影响力。

该书的作者是心理学家罗伯特·B.西奥迪尼，他用了三年的时间，深入广告、公共关系以及一些筹款机构，亲身体验和观察，收集证据，整理出影响力的六大原则，最终创作了该书。该书曾风靡全球三十载，被引述率高居当今社会心理学之冠，是西奥迪尼的经典作品，《财富》杂志鼎力推荐的必读书之一。

了解影响力，丰富才智人生

影响力是一种去影响他人行为方式的能力，无论影响力有多少种类和花样，作者都把它们总结归纳成了六个原则：互惠、承诺和一致、社会认同、喜好、权威和稀缺。每一原则均能使人产生不同的、自动的、无意识的顺从行为。

比如，学校门口有个卖书的小摊，买本书可以送一个溜溜球，你为了想要那个溜溜球，缠着妈妈给你买了一本书，这个小商贩利用的就是"互惠"原则；家长承诺我们这次考高分的话，就给我们买一部电话手表，家长就是利用了"承诺和一致"的原则；同学们在学校都要遵循校规校纪，团结同学，尊敬师长，不能迟到、早退，等等，这是"社会认可"原则在起作用；家长或者老师对我们说的话，我们会不自觉地顺从他们，这是受"喜好和权威"的影响；乔丹绝版的运动鞋，卖得再贵也想买，这是因为我们受到了"稀缺"原则的影响。

运用影响力，打造优秀人生

我们了解了影响力的六个原则，就要学会在学习和生活中适当地运用它们。

当我们想要请某个同学帮忙的时候，要是能给出一个理由，对方答应帮忙的概率会更大，因为人们习惯了做事要有个理由；我们答应了别人要做的事，就一定要做到，这样才能树立自己"承诺和一致"的威望；学校的规章制度，我们要认真遵照执行，并养成良好的习惯，这对将来进入工作岗位非常有好处；待人要真诚，真心对待别人，别人才会真心对待我们，这样就可以自然而然地树立起属于自己的影响力。

规避影响力，掌控自己人生

每个人都是独立和自由的，但来自四面八方的影响力无处不在，我们只有擦亮眼睛，勤思考，不盲从，才能在纷繁复杂的社会万象中保持应有的清醒，规避别人对我们的影响，做自己的主人，掌控自己的人生。

当别人对我们施以恩惠的时候，我们要理智接受；对别人的承诺一定要谨慎对待；当我们进入或者接触一个全新的领域时，要学会辨别是非真伪；来自喜欢或者有权威的人，对我们作出某种指令的时候，我们要先想想对方的指令是否正确；对于来自"稀缺、绝版"之类的高消费，我们一定要冷静，切不可盲目冲动。

关于如何规避影响力或者如何使用影响力，给自己的人生加彩，书中还有许多精彩的案例，让我们一起走进书中，去寻找影响力的秘诀，武装自己，掌控人生。

92 《学习之道》

掌握学习方法，提高学习质量

读完一本书，合上后却不记得讲了什么；上了一堂课，下课后却总想不起重点。你是否也出现过这样的情况？来，一起打开这本《学习之道》，从书中获得有效的学习方法，搭建自己的学习体系吧！

这是一本讲述如何高效学习的书。书中结合脑科学和心理学等知识，为我们总结了一些省时、高效的学习方法，可以帮助我们在学习中少走弯路，打开学习新天地。

本书的作者芭芭拉·奥克利虽然上学时成绩很差，但工作后通过自学成为工程学教授。她用亲身经历告诉我们：只要掌握正确的学习方法，就可以使学习成绩得到提升。

两种思维模式的妙用

在我们的大脑中有两个区域，分管着两种思维模式。左脑对应的是专注思维模式，也就是注意力高度集中的状态；右脑对应着发散思维模式，也就是放松休息时的状态。

那么,这两种思维模式是怎么产生作用的呢？我们在日常学习时,会专心地去做某一件事，这就是专注思维模式。学习累了，站起来走动休息一会儿，大脑就会自动转换到发散思维模式。

当我们遇到难题时，首先要开启专注思维模式，如果难题一下子解不出来，这时候就要让发散思维模式来帮忙了。这两种思维模式可谓相辅相成，缺一不可。

用好你的记忆系统

每逢考试，你是不是都特别羡慕那些记忆力好的人？其实，我们每个人都自带强大的记忆系统。如何把这个系统利用起来，就是我们需要学习的重点。

最简单的方法是通过图像去记忆。想想那些难记的概念，并在大脑里发挥想象，创造一个具体的形象来代替。还可以使用记忆宫殿法，在大脑里创造一个场景，将这些图像放到场景里，像游戏升级一样，一层层地加深记忆。

书中还有很多有趣而实用的学习技巧，比如知识迁移法、记忆组块法等，这些技巧都可以用来调动我们的记忆系统，提高学习质量。

战胜阻碍学习的"小恶魔"

很多人喜欢先做让自己感到愉悦的事，把令自己痛苦、不开心的事拖到最后一刻才去做。这就是典型的拖延症状。这样做虽然短时间内没有反应，但是长此以往，造成的后果却不堪设想。

本书的作者芭芭拉就曾经深受其苦，于是她下决心开始改变。她每天睡前都会提前写好明日计划，把工作细化成一个个小挑战，完成后及时给自己奖励，最终成功战胜了"拖延症"。

学习是没有捷径的，拖延并不能解决问题，只有掌握正确的学习方法，才能提高学习质量。本书就是帮你开启高效学习之门的钥匙。

本书作者：[美]卡罗尔·德韦克　　推荐人：丝雨阡陌

93 《终身成长》

终身成长的秘密：做一个成长型思维者

你知道"冠军思维"吗？"冠军思维"就是始终相信自己可以通过努力达到成功的思维方式。

一个人做事能否成功，很重要的一个因素就是思维模式。

《终身成长》这本书为我们介绍了两种截然不同的思维模式：一种是固定模式，它会让我们自我禁锢；另一种是成长模式，它会让我们不惧挫折，快速成长。思维模式的不同，会影响我们人生的各个方面。

本书作者卡罗尔·德韦克是美国斯坦福大学教授，著名的心理学家，也是全球最大教育单项奖——"一丹奖"的首届获奖者。比尔·盖茨曾大力推荐这本书，称它会彻底改变我们的思维。

截然不同的两种思维模式

拥有固定型思维的人认为能力是固定的。比如，王安石笔下的方仲永小时候天赋过人，他的父亲认为天赋是用之不尽的，这就是典型的固定型思维。他带着方仲永到处去展示才华，却忽视了后天培养，最终导致方仲永"泯然众人矣"——成为普通人。

拥有成长型思维的人则认为，不管先天条件如何，能力都可以通过后天努力获得。比如，达尔文小时候被看作很普通的孩子，但他通过努力，一步步成长为著名的生物学家。

成长型思维帮我们迈向成功

一个人获得成功的关键，并不是能力和天赋，而是在追求目标的过程中展现出来的思维模式。取得成功的第一要素，就是拥有成长型思维。

美国 NBA 篮球明星迈克尔·乔丹并不是篮球天才，在高中时还因身高不达标而无缘进入校篮球队。但他相信"能力不足，后天来补"，凭借刻苦训练，他最终成长为一代"空中飞人"。他的这种思维正是成长型思维，正是这种思维帮他走向了成功。

当学会用成长型思维解决问题后，我们会发现自己在学习能力、人际关系及职业发展等各方面都有所提高。

刻意练习，让我们拥有成长型思维

成长型思维很重要，作者专门整理了四个步骤来帮助我们改变固定型思维模式。

首先是要心平气和地正视自己的不足。然后通过观察，明确造成自己具有固定型思维的原因。接着，把固定型思维想象成总是在关键时刻出来捣乱的脑内小人，并为固定型思维命名。最后就是对脑内小人进行教育。

举个例子，如果你上课时不敢举手回答问题，观察到自己是害怕答错问题而暴露无知，此时就要把怕答错问题想象成脑内小人，告诉他：答错问题不丢人，重要的是从错误中学会知识。

一个人成功的关键，在于拥有好的思维模式。好的思维模式不仅可以让人成长，还决定了我们能在成功路上走多远。

作者：[美] 安德斯·艾利克森 罗伯特·普尔　推荐人：禅心

94 《刻意练习：如何从新手到大师》
从新手到大师的正确路径

在刚刚过去的东京奥运会上，14 岁少年全红婵三跳满分，夺得

10 米跳台金牌，一战成名。问及成功的秘诀，全红婵只说了两个字"练呗"。

《刻意练习：如何从新手到大师》这本书，就完美诠释了全红婵式的成功秘诀，那就是这些"天才"并非天生就拥有超凡能力，而是因为他们掌握了成功的"秘诀"。这个"秘诀"就是"刻意练习"。

本书的作者之一安德斯·艾利克森博士是美国著名的心理学家，他曾长期潜心研究不同领域中的杰出人物。通过大量的研究，他最终得出结论：杰出不是一种天赋，而是一种人人都可以学会的技巧。

什么是刻意练习

很多人认为天才是天生的，比如说莫扎特 4 岁就可以谱曲，6 岁就会演奏，而且他有完美的音高。但作者在本书中的研究，打破了所有关于天才的神话。

事实上，莫扎特并不是天生就具有完美的音高，而是因为他的爸爸在他很小的时候就专门地培养他。培养的方式就是刻意练习，不仅强度大，而且时间长。换言之，莫扎特小时候所受过的训练，使他具有了完美的音高。

从莫扎特成才之路，我们不难总结出刻意练习的四个要点：一是要保持专注；二是每一次刻意练习都要有明确的目标；三是在刻意练习的过程中，能够得到及时的有效反馈；四是要走出自己的舒适区，不在舒适区内练习。

刻意练习的三个误区

刻意练习方法对我们的学习同样有效，不过，我们在用对方法的同时，要小心以下三个误区。

第一个误区，认为自己不够聪明，天生就不是学习的料，从而放弃了尝试和努力。

第二个误区，认为做得久就一定更擅长。其实不然，时间的付出并不意味着就能收获同等的回报，重复的、无意义的努力仅仅是一种对时间的浪费。

第三个误区，认为"想要提高，只需要努力"。付出和收获不一定成正比，有效付出才会和收获成正比。

坚持刻意练习的三个原则

在刻意练习中，除了注意上述三个误区之外，还要注意以下三个原则。

保持专注。爱默生说："专注、热爱、全心贯注于你所期望的事物上，必有收获。"当我们排除一切干扰，只专注于练习项目时，必然能收获理想的学习成绩。

注重反馈。在学习的过程中，最好的反馈之人是我们的老师，他们提出的宝贵意见，我们可要认真对待。

及时纠正错误。当我们得到反馈后，第一时间要将这个错误揪出来，及时将它打败，避免它卷土重来。

所有的人都以为"杰出"源于"天赋"，"天才"却说，我的成就源自"正确的练习"。想要成为"天才"，就从"正确的练习"开始吧！

本书作者：[美]凯利·麦格尼格尔　推荐人：莉雅

95 《自控力》

提高自控力，拥有更好的人生

有人想要减肥，但一看到美食，就把减肥抛诸脑后；有人原本在认真学习，结果一听有同学叫他一起去玩，便跑去玩了……之所以会出现这些情况，主要是因为我们没有足够强的自控力。

《自控力》这本书的主要目的就是让我们弄清自己为何失控，怎样自控，从而成功掌握自己的时间和生活。

这本书的作者是凯利·麦格尼格尔博士。她专注于研究健康心理学，在美国斯坦福大学教书时，为了让人们变得更好，她开设了一门"意志力科学"课程。后来，学生们纷纷感叹这门课能改变他们的人生。这门课其实就是《自控力》一书的基础。

人人都有自控力

人人都有自控力，因为大脑中的前额皮质控制着人体的运动和行为。它分别掌管着"我不要""我要做""我想要"这三种力量。

比如，我们每天早上被闹钟吵醒后不想起床，"我不要"力量会告诉我们"我不要赖床"；我们没做完当天的作业，想明天再做，"我要做"力量会提醒我们"今天的作业必须今天做完"。我们想要成为更好的自己，"我想要"力量就会记住我们真正想要的是什么，它越强，说明我们的行动能力和抵抗诱惑的能力就越强。

大脑里有两个自我，导致自控力因人而异

既然人人都有自控力，为什么每个人的自控力不一样呢？这是因为我们的大脑里有两个自我：一个是"努力自控"的自我，帮助我们克服冲动，并为未来做好打算；另一个是"享受当下"的自我，想要及时享受当下。我们总是在两个自我之间摇摆不定，而摇摆的幅度不同，就决定了每个人的自控力不同。

比如，有的人想着今天的事明天再做，可有个声音对他们说："今天的事情必须今天完成。"这其实是两个自我在打架呢，最后就看哪个自我能胜出。如果有人选择当天做完，而另一个人选择明天再做，这就说明前者比后者的自控力要强一些。

每次锻炼五分钟，增强自控力

如果我们想要增强自控力，该怎么办呢？最简单有效的一种方法就是每次锻炼五分钟。

比如，每次上完课，我们可以走出教室，呼吸一下新鲜空气，看看室外的风景。不一会儿，我们就会感到心情舒畅，一身轻松了。如果不想出去的话，站起来伸伸懒腰也是可以的。

总之，需要给自己一种暗示，只要离开椅子，就属于练习自控力。而且每次锻炼五分钟，不仅可以增强自控力，也可以调整情绪，缓解学习压力，从而提高学习效率和学习成绩。

现在，同学们的学习压力正在不断增加，可以试着给自己制订一个每次锻炼五分钟的计划，也许会有意想不到的改变。

本书作者：[德]博多·舍费尔　推荐人：莉雅

96 《小狗钱钱》
从小学习理财，实现自己的梦想

这是一本以童话故事的形式，教孩子们如何理财的书，对成年人也一样有用。读《小狗钱钱》，我们可以学会正确地认识和使用金钱，并通过理财，实现自己的梦想。

　　故事主要讲述了一个普通的小女孩吉娅救了一只会说话、会理财的小狗钱钱。后来，吉娅在钱钱的帮助下，学会了和金钱打交道，成功实现了自己的梦想。

　　本书的作者是"欧洲第一金钱教练"博多·舍费尔。他在 26 岁时，因公司破产欠了很多债。但四年之后，他就还清了所有债务，并依靠利息过上了自由的生活。博多希望把他的理财知识传播给更多的人，以帮助他们摆脱财务危机，于是就写了这本书。

吉娅学习理财，从正确认识金钱开始

　　吉娅救了一只小狗，给它取名叫"钱钱"。

　　12 岁时，吉娅想买喜欢的唱片，被钱钱及时阻止了。原来，钱钱发现吉娅总是为她父母糟糕的财务状况而烦恼，而且已经开始犯和他们一样的错误，为了报答吉娅的救命之恩，钱钱破例开口教她理财知识，让她以后不会为钱而发愁。

　　可吉娅在母亲的影响下，认为钱不是生活中最重要的，也不是让人快乐的东西。钱钱则告诉吉娅，虽然金钱不是最重要的，但没有钱是不行的，而且我们可以让钱成为让人快乐、助人积极向上的好帮手。

做好这些事，赚钱并不难

　　后来，吉娅在钱钱的指导下，先从十个想要变富的理由中选出最重要的三个，以明确自己真正想要的是什么。然后找些有关梦想的图片，做一个梦想相册，并为每个梦想准备一个储蓄罐。

吉娅每天会看几遍愿望和相册，把省下的每一分钱都放进储蓄罐，而且不论是逆境还是顺境，每天坚持写成功日记，也就是每天至少写五件做成功的事，让自己变得更自信。

接着，吉娅根据自己的喜好和自己能做的事，开始帮邻居遛狗赚钱。

吉娅学会合理分配金钱，成功实现梦想

不久，钱钱以前的主人金先生告诉吉娅一个鹅和金蛋的故事。故事说的是一个农夫家的鹅下了一个金蛋，卖了很多钱，可鹅每天只下一个金蛋，农夫很不知足，于是他便把鹅杀了，想直接从鹅的肚子里取出金子。从此，农夫再也没有金蛋了。金先生解释道，鹅代表金钱，金蛋代表利息。

金先生建议我们永远不要杀了自己的"鹅"，要一直为它存下10%或更多的钱，让它不断地产生利息，这样我们就会变得越来越富有。

于是，吉娅存50%的钱用来养"鹅"，将40%的钱放入梦想储蓄罐，剩余10%的钱用于生活开销，还和陶穆太太一起投资，让钱"生"出了很多钱。

最终，吉娅成功地实现了自己的愿望，过上了自由快乐的生活。

小朋友们，你现阶段的梦想是什么呢？如果你的梦想和小吉娅一

样，那么现在就着手做个梦想储蓄罐，然后用自己挣的钱去实现这个梦想吧！

本书作者：朱光潜　推荐人：伴夏

97 《谈美》
让美入驻我们的生活

"朋友！慢慢走，欣赏啊！"有人在我们的耳边叮咛。不要那么匆忙和焦虑，停下来，你会看到，一只蝉蜕变的瞬间，一朵花儿开放了，一只蝴蝶落到了花儿上……

这个人就是朱光潜先生。他是美学界的泰斗，是我国现代美学的开拓者和奠基者。《谈美》是继《给青年的十二封信》之后的第十三封信。他在《谈美》中用质朴简练的笔触，深入浅出地把我们带进了一个栩栩如生的抽象世界。

这个世界从不缺少美，一朵含露的花是美的；鱼跃鸢飞，风起水涌的形体是美的；"大珠小珠落玉盘"的声音是美的；"寒波澹澹起，白鸟悠悠下"的色彩、形体、声音皆美。

美就在我们的身边，有了美感，我们的生活会多一点儿情趣。要知道：情趣越丰富，生活越美满。

美从未缺席

美无处不在：泛着涟漪的池子，长着青苔的石垣，新生的绿草，随风起舞的柳条儿……

美是一篇美文，饮一壶清酒，品一口清茶，不辜负那份闲暇，任庭前花开花落，望天上云卷云舒……

美是一首乐曲，蝉噪、蛙鸣、小鸟呢喃，小小的音符，把人的思绪带向远方，徜徉、驻足、旋转、奔跑……

美是雨中油纸伞下的那个女孩；美是池塘边，榕树下奔跑的那个少年；美是乌篷船中那个归来的老者。

慧眼识美

美并不是天上掉下来的，它一半在物，一半在人。因为人的想象和情感会丰富这种美，景可以生情，情也可以生景。我们欢喜时，大地山河都在扬眉带笑；我们悲伤时，风云花鸟都在叹气凝愁；我们惜别时，蜡烛都会垂泪；我们高兴时，青山也能致意。

真正的美感皆是如此，心里印着美，常受美的浸润，才能与美和谐共生。

我们吟诗、赏画、亲近自然风光，才会发现不一样的美，培养出令人羡慕的审美能力。有了美的发现，美的熏陶，生活才会更加多姿多彩、魅力无限，才不会在这世间白走一遭。

Ⅶ 美的创造

我们经常思考，艺术家眼中的世界为什么和我们看到的不一样？那是因为艺术家比我们多了些敏感，多了些想象，他们常常能从看到的直观景象中跳脱出来，产生不一样的灵感。

梵高的名画《星夜》，描绘的是一大片一大片的星光。在现实世界中，星光永远不可能如此绚烂。但在梵高的眼中，绚烂被无限放大了。星空下的村庄都被满天的星辰照耀、修饰、美化，这就是一种审美的表达，超出了一般人的想象，成为艺术珍品。生命中所有的美好，都来自最耀眼的灵魂。

阅读《谈美》，让我们学会感知美与欣赏美，进而能够懂得珍惜美和创造美。让美入驻我们的灵魂，让世间一切为我们绽放，让我们的生活摇曳多姿。

本书作者：朱光潜　推荐人：莉雅

98 《谈修养》
加强自我修养，提高人生境界

每个人在学习、生活和工作中，多多少少都会遇到一些困惑。在

《谈修养》这本书中，或许你可以找到消除困惑的方法。

这本书的作者就是我们熟悉的美学大师朱光潜。在该书中，朱光潜先生以一个过来人的身份，针对青年人比较感兴趣的二十个话题，如立志、交友、读书、休息等进行了全面分析，并且耐心地解答了他们心中的困惑。

交对朋友是一件幸事

人人都有朋友，而拥有知心朋友无疑是人生幸事。开心时，会想到和知心朋友一起分享快乐；伤心时，也会第一时间想到知心朋友，想要获得他（或她）的帮助或者安慰；困难时，更是渴望得到知心朋友的援助。

交友是我们成长路上的必要课题，想要交到好朋友，需要我们在成长过程中不断地学习和实践。

人生有好友相伴，是一件非常美好的事情。其实，除了有好朋友的陪伴，还有一件事也可以给我们带来快乐，那就是读书。

读好书是一件快事

书籍是人类智慧的宝库。徜徉在书的海洋里，不仅可以让我们学到新知识、新技能，还可以给我们带来无尽的快乐。

比如读今天这本书，我们就学会了如何交友，这就是读书带给我们的快乐。但是书很多，怎样才能读到好书呢？这就需要技巧了，如果掌握得不好，既浪费我们的时间，还会让我们变得不快乐。

具体来说，如果想要做一门学问的话，读书不在多而在于精，并且要读得透彻。同时，读书必须围绕一个中心去维持兴趣，该中心可以是某个科目或者问题，这样就容易形成一个系统，并做出一番成就。

好好休息是一件福事

以同样的时间去做同一件事情，中途休息的人，会比没有休息的人效率高很多。这是心理学家做过无数次实验后得出的结论。

比如，老师要求我们两小时做完一整页的数学题。如果一直不停地做题，中途不休息的话，越到后面越会觉得精力不够，也就越容易出错。而如果先做 50 分钟，中途休息 20 分钟放松一下，头脑就会比之前清醒很多，再继续做 50 分钟，其结果是正确率反而提高了。

适当的休息，不仅能帮助我们恢复体能，清醒头脑，还能帮助我们提高学习效率。

希望读者能在这本书中，找到化解人生困惑的途径，获得心灵的慰藉与给养，进而加强自我修养，提高人生境界。

99 《被讨厌的勇气》

勇敢做自己

　　《被讨厌的勇气》是一本关于自我成长和疗愈的心理学著作，讲述的是一位愤世嫉俗且迷茫自卑的青年，通过与哲人辩论有关幸福的话题，最终决定做出改变的故事。

　　本书是由日本的岸见一郎和古贺史健共同创作的。岸见一郎是一位哲学家，对阿德勒心理学有着深刻的理解。古贺史健是一位作家，也是阿德勒心理学的受益者。在本书中，作者将著名心理学家阿德勒的"个体心理学"思想完美地呈现了出来，并告诉我们，许多烦恼其实并不需要在意，世界极其简单，人们随时都可以获得幸福。

不幸的生活源于自己的选择

　　因为出身贫寒才没有功成名就，因为身体残缺才无法过自己想要的生活，因为痛失亲人才一蹶不振。这样的因果关系成立吗？

　　阿德勒心理学认为：不幸的生活，都是我们自己主动选择的结果。

　　著名物理学家霍金 21 岁时就身患重病，全身瘫痪，不能说话，手部只有三根手指能够活动。音乐大师贝多芬 26 岁时听力开始衰退，到 45 岁时已经完全听不到声音。如果他们只关注自身缺陷，一味沉溺于痛苦之中，恐怕无论如何也不能取得后来的杰出成就。

从内心真正接纳自己，勇于做出改变，才能成就更好的自我。

摆脱烦恼要学会"课题分离"

当你正在兴致勃勃地看一本书时，同学小丽问你能不能借她看看。可是，那本书你还没有看完，而且也是从别人那里借来的。但碍于情面，你还是答应了。

也许你是因为担心，如果不借给小丽，她会说你小气，以后就不理你了，所以为了得到小丽的认可，你才做出了违心的决定。当我们一味追求他人的认可时，烦恼就这样产生了。

阿德勒认为，我们要学会"课题分离"。书借不借给小丽看，这是你的课题，你有借或不借的自由，别人无权干涉。而理不理你，那是她的课题，你也无须烦恼。

学会"课题分离"，人际关系就变得简单了。

幸福就在自己手中

张海迪是一位受人尊敬的残疾人，她虽然高位截瘫，却拥有属于自己的幸福。

张海迪随父母在农村生活时，尽己所能为村民作出贡献。在那里，她成为了一名音乐教师，不仅教孩子们唱歌，还帮助学生组织自学小组，给学生理发、钉扣子、补衣服；看到村里缺医少药，村民看病困难，她还通过自学成为了一名乡村医生，解决了村民就医难的问题。张海迪在帮助别人的同时，也收获了自己内心的丰盈。

在社会团体中，如果自己有一种贡献感，那便是幸福。正如阿德勒所说：幸福即贡献感。

愿我们每个人都能拿出"被讨厌的勇气"，过自己想要的人生。

本书作者：毕淑敏　　推荐人：晓梅

100 《我很重要》
勇敢面对自己的人生

在日常生活中，有人总会因为自己长相普通、成绩平平、身份卑微等产生自卑心理。人一旦产生了自卑心理，就会感觉自己不重要，就会在生活中有意无意地忽视自己的存在。

那么，我们自己究竟重要不重要呢？不妨打开《我很重要》这本书，在其中总能找到证明"我很重要"的那一篇。

这本书是毕淑敏的散文选集，文字清新优美，既富有温情，又充满力量。这本书能引导我们更好地认识自己，体会到自己的重要性，从而更加自信地走好未来的人生道路。

作者毕淑敏是国家一级作家，被誉为"文学界的白衣天使"。她的散文思想通透洒脱、行文不拘一格，曾获得庄重文文学奖、解放军文艺奖等 30 多个奖项。

每一个生命都是独一无二的

小时候，我们对自己的出生充满好奇。我们是从哪里来的呢？父母告诉我们"每一个小宝宝都是爸爸妈妈爱的结晶"。我们长得像爸爸还是妈妈，这是遗传基因决定的。

想一想，如果爸爸没有遇到妈妈，或者爸爸妈妈换一个时间、换一个地点相爱，都不可能有现在的我们。所以，每一个生命，都是一个奇迹。

长大之后，我们会离开父母，进入学校，融入社会。我们将扮演很多不同的角色。但不管是哪种角色，我们都是独一无二的、别人无法替代的那一个。

学会为自己而生活

父母给予我们生命，而且生命对于每个人来说都只有一次。不管身体多么渺小，也不管地位多么卑微，我们都有生命的尊严，有选择生活的权利。

我们可以选择崇高而伟大的人生，也可以选择普通而平凡的生活。只要是为光明和幸福而努力，我们就是重要的。

因此，无论何时何地，我们都要学会为自己而生活，让自己的生命在每一个角落绽放光彩。

勇敢面对自己的人生

一个人的人生究竟应该怎样度过？这取决于一个人怎样看待自己的人生。大家都熟悉的张海迪，就是我们的榜样。

5 岁时，张海迪因患有脊髓病而导致高位截瘫。但她从没被生活的困难吓倒，取而代之的是一次又一次勇敢地规划自己的人生目标："我要写一本书""我要学习外语""我要学习画画"。

最终，她的梦想一一实现了。她不仅写了书，还学会了英语、日语、德语等六种语言，并且在有限的生命里画出了 50 多幅油画。

人生路上，无论我们多么平凡，始终都要记得自己无比重要。只有学会相信自己，接纳自己，敢于对自己的人生负责，才能让我们的人生更加精彩。